Des éloges pour *Le sa*

« Il [John P. Strelecky] a m

»

...ett Company
USA Today

« J'ai adoré cette histoire. Ouvrez ce livre et faites le premier pas du safari de votre vie en compagnie de Jack et de Ma Ma Gombé. Vous y trouverez "le plus grand berceau qui soit" pour concevoir vos rêves, "parce qu'il n'y a rien de plus tragique qu'une vie ne comblant pas les aspirations de celui qui la vit". En lisant ce livre, j'ai compris le pourquoi de mon existence. »

Carol Jose
coauteure de
You Are Not Forgotten

« *Le safari de la vie* est plus qu'une histoire. C'est une quête pour le lecteur. Je me suis retrouvée dans mon propre safari de la vie, comme Jack en Afrique. J'ai porté attention aux paroles de sagesse de Ma Ma Gombé afin de les appliquer à ma propre histoire de vie. Ce livre m'a transportée ailleurs, et en atteignant cette destination intérieure, j'ai pleuré devant tant de beauté. »

Tricia Crisafulli
fondatrice de www.faithhopeandfiction.com

« Captivant, mystérieux, passionnant! Voilà les caractéristiques d'un livre remarquable. *Le safari de la vie* est tout cela, et plus encore. C'est une histoire touchante sur la découverte de soi dans le décor majestueux et merveilleux d'une terre ancienne. Il s'agit d'un livre réconfortant au sujet d'une vie qui cherche à éclore et d'une autre qui avance paisiblement vers le crépuscule. Comme pour Le Why café, je n'ai pu déposer le livre avant d'en avoir terminé la lecture. »

Denise Hicks
auteure de *Traveler In This Wondrous Life*

« J'ai adoré ce livre! Son histoire captivante vous incite à tourner inlassablement les pages, tandis que la sagesse des messages requiert des moments de contemplation. En de rares occasions, vous tombez sur un livre dont l'histoire est alignée sur votre cœur et votre âme dans une harmonie si parfaite que vous entreprenez du coup un véritable voyage intérieur. *Le safari de la vie* est l'un de ces livres. »

Horizon Magazine

LE SAFARI DE LA VIE

Catalogage avant publication de Bibliothèque et Archives nationales du Québec et Bibliothèque et Archives Canada

Strelecky, John P.

  Le safari de la vie

  Traduction de *Life safari*

  ISBN 978-2-89436-256-3

  1. Vie spirituelle. 2. Vie - Philosophie. I. Titre.

BL624.S7714 2010   204'.4   C2010-940579-X

Nous reconnaissons l'aide financière du gouvernement du Canada par l'entremise du Programme d'aide au développement de l'industrie de l'édition (PADIÉ) pour nos activités d'édition.

Nous remercions la Société de développement des entreprises culturelles du Québec (SODEC) pour son appui à notre programme de publication.

Traduction : Alain Williamson
Infographie de la couverture : Marjorie Patry
Mise en pages : Marjorie Patry
Correction et révision linguistique : Amélie Lapierre

Éditeur :   Les Éditions Le Dauphin Blanc inc.
              6655, boulevard Pierre-Bertrand, local 133
              Québec (Québec) G2K 1M1 CANADA
              Tél. : 418 845-4045 Téléc. : 418 845-1933
              Courriel : dauphin@mediom.qc.ca
              Site Web : www.dauphinblanc.com

ISBN : 978-2-89436-256-3

Dépôt légal : 2e trimestre 2010
               Bibliothèque nationale du Québec
               Bibliothèque nationale du Canada

Imprimé au Canada

Limites de responsabilité

John P. Strelecky

Le safari de la vie

Traduit de l'anglais par Alain Williamson

Le Dauphin Blanc

Remerciements

Merci...

À l'Afrique et à tous ceux qui en ont fait leur demeure.

À ma conjointe, Xin. Tu es ma demeure.

À ma fille, Sophia. Tu mets de la joie dans mon cœur.

À mes parents, pour m'avoir enseigné la joie de voyager.

À Oprah, pour m'avoir poussé à penser plus grand et à réaliser plus de projets.

Un merci spécial à Tricia Crisafulli pour sa grande passion et son enthousiasme envers cette histoire; à Doris Michaels et à Delia Berrigan Fakis, de l'agence littéraire DSM, pour leur aide; à Matt Blauvelt, Patrick O'Connor, Kristen Manieri, Carol Jose et Brad Borchers pour leurs conseils et leur inspiration.

« *Il y a, dans notre âme, un lieu où nous nourrissons nos plus grands désirs.*

Ces désirs sont nos Cinq Grands Rêves de vie. »

– Ma Ma Gombé

CHAPITRE 1

J'ai pris le calepin à reliure de cuir qui avait été mon compagnon tout au long de l'aventure. Les pages portaient des traces et des altérations causées par la pluie et le soleil ou par les défis imprévus qu'apporte la traversée d'un continent à pied.

Bien des choses se sont passées depuis ce temps, mais chaque fois que je tiens ce calepin, je suis instantanément transporté dans le passé. Et, chaque fois, mes souvenirs commencent par la même image : mon arrivée en Afrique.

Bien qu'elle me semble lointaine, cette expérience a été d'une puissance inouïe – suffisamment forte pour laisser une empreinte indélébile sur mon âme. Après tout, j'ai failli mourir en Afrique! Après tout, j'ai trouvé le sens de ma vie là-bas!

Je ne savais pas à quoi m'attendre en entreprenant ce voyage en Afrique. Sauf quelques photos trouvées ici et là dans des bouquins, je ne savais pratiquement rien des gens, des animaux ou des lieux que j'allais croiser. Mais, à ce moment-là, rien de tout cela ne m'apparaissait important. J'étais certain d'une seule chose, et ça me suffisait. Je savais que j'avais besoin d'être heureux. Curieusement, je croyais alors que je trouverais le bonheur en Afrique.

J'ai ouvert le calepin. Il y avait l'inscription « Jour 1 ». Et, dessous, une seule phrase : « Aujourd'hui, l'aventure commence. » Je ne croyais jamais si bien dire.

Je m'étais rendu en Afrique en bateau. Le voyage avait nécessité presque trois semaines. J'avais quitté la maison en apportant un simple grand sac à dos rempli de vêtements, d'articles de camping, de bonnes chaussures de marche, d'un chapeau aux larges rebords pour me protéger du soleil et d'argent que j'avais économisé au cours des deux dernières années.

Il m'avait fallu deux ans pour faire de mon rêve une réalité. Cela peut sembler long, mais ce n'est rien si l'on pense que la plupart des gens passent toute une vie à poursuivre leur rêve. Durant ces deux années, de nombreuses personnes m'ont confié à quel point elles aimeraient aussi visiter l'Afrique. Au début, je leur expliquais que si j'y étais parvenu, elles pouvaient, elles aussi, combler ce désir. Je n'étais assurément pas la personne la mieux rémunérée de mon entourage. En fait, j'étais probablement l'une de celles gagnant le moins d'argent.

J'ai rapidement constaté que ces personnes n'étaient pas vraiment sérieuses par rapport à leur désir de voir l'Afrique, sinon elles y seraient parvenues. Elles aiment parler de leur rêve, mais en fin de compte, elles en restent là, que dans le rêve! En fait, ces gens ne savaient pas ce que je pressentais et que Ma Ma Gombé m'a confirmé ensuite :

les rêves sont des réalités qui attendent de se concrétiser. Mais, ils n'attendent pas éternellement. À un moment ou à un autre, on doit les aider à faire la transition dans la réalité. Sinon, un jour ou l'autre, ces rêves s'évanouiront.

Moi, jeune homme de 22 ans, je me présentais sur le seuil de mon rêve. Plus grand que la moyenne des gens, j'étais plutôt mince, mais bien musclé, grâce à des années d'entraînement athlétique. Pour un étranger, je devais sûrement afficher de la confiance, sans tomber dans l'arrogance. En fait, je me sentais peu sûr devant mon futur, mais toutefois confiant d'aller dans la bonne direction.

Mes ancêtres venaient de l'Europe de l'Est. Aussi, j'ai hérité des gênes de différentes nationalités. Comme ma mère, j'avais les yeux bleus et les cheveux blonds. Quant à ma tendance à bronzer rapidement et intensément, elle me venait de la famille de mon père.

C'est ainsi que je me suis présenté en Afrique.

CHAPITRE 2

Mes premiers pas sur le continent africain n'ont pas été aussi excitants que ce que j'avais imaginé. Je ne sais pas pourquoi, mais pour une quelconque raison, je ne m'étais jamais imaginé descendre du bateau et aboutir dans une ville! Je sais, logiquement, cela ne pouvait être autrement. Mais, lorsque je pensais à l'Afrique, je visualisais toujours d'immenses plaines d'une beauté incomparable et peuplées d'une multitude d'espèces animales. J'allais trouver tout cela plus tard, mais simplement pas sur le quai!

Dès que j'eus quitté la passerelle de débarquement, je fus accueilli par une foule de personnes à la peau noire qui me demandaient si j'avais besoin d'un guide, d'un moyen de transport, d'un endroit où loger, d'un « truc » à manger...

J'ai décliné chacune des invitations et j'ai affronté la ville de façon autonome. Avant mon départ, je m'étais renseigné sur les gîtes de cette ville et j'avais appris que le meilleur endroit pour les voyageurs était un petit hôtel appelé « L'évasion ». Ce nom m'avait tout de suite séduit. J'essayais justement de m'évader, alors peut-il y avoir un meilleur endroit pour s'évader qu'un hôtel baptisé « L'évasion »?

Il me fallut une vingtaine de minutes de marche à travers des rues étroites avant de trouver l'hôtel. Si j'avais connu les lieux, le trajet ne m'aurait sans doute pas pris plus de cinq minutes, mais j'étais quelque peu perdu et captivé par tout ce que je voyais autour de moi.

Les rues bourdonnaient d'activités, entre autres, celles des vendeurs de viande qui offraient de larges pièces d'animaux à la chair tendre, comme l'impala ou le koudou. La viande avait été découpée puis séchée avant d'être étalée sur des tables sous le chaud soleil. D'autres marchands offraient, en criant, des fournitures de camping, de l'équipement pour les safaris, des fusils, des machettes, des cartes géographiques et des « trucs » aussi inusités que des sabots et des cornes d'animaux. La ville me semblait être un chaos... organisé! Il s'agissait d'un endroit où les voyageurs planifiaient leurs excursions et où les guides entassaient les équipements achetés.

Lorsque je suis arrivé à l'hôtel, j'ai compris pourquoi il était recommandé. Il n'était pas chic ni dispendieux. Son charme venait de la beauté qui l'entourait. Le propriétaire avait aménagé de luxuriants jardins devant et derrière l'hôtel qui offrait une vue spectaculaire sur les montagnes nordiques. Et, avec en plus toutes ces boiseries sculptées à partir des arbres locaux, l'hôtel portait fièrement et à juste titre son nom.

Je suis entré dans l'hôtel par la grande porte déjà ouverte et je me suis dirigé vers la réception. Derrière le comptoir, un homme vêtu d'un uniforme kaki me salua :

« Bonjour, mon ami, dit-il en souriant. Que puis-je faire pour vous? »

« On m'a dit que c'était ici le meilleur endroit en ville pour séjourner, le temps d'apprivoiser l'Afrique et de s'orienter », lui ai-je répondu.

« Exact! Enfin, c'est notre but », dit-il en souriant de nouveau.

« Je me nomme Jack », ai-je ajouté en tendant la main.

« C'est un plaisir, Jack. Je me nomme Mick. »

« D'où êtes-vous, Mick? » ai-je demandé tout en lui serrant la main.

« D'un peu partout, à vrai dire. Je suis né en Australie, mais l'Afrique est ma demeure depuis une dizaine d'années. Auparavant, j'avais fait des séjours en Asie et en Amérique du Sud. »

Je lui fis un signe de la tête pour lui témoigner mon intérêt.

« Qu'est-ce qui vous amène en Afrique, Jack? » demanda-t-il.

« C'est une bonne question, ai-je dit en soupirant. Je ne le sais pas précisément. J'ai simplement ressenti une forte impulsion à venir ici. Alors, j'ai économisé durant deux ans, et me voici! »

« Bien! Dans le doute, il faut suivre son instinct! dit-il toujours en souriant. La plupart des gens viennent ici pour voir les animaux. Est-ce que voir les animaux vous intéresse? »

J'ai acquiescé.

« C'est effectivement l'une des expériences majeures que je veux connaître. »

« Et quels types d'animaux espérez-vous voir? »

« Je suppose que "tous les types" vous semblerait une réponse irréaliste, mais je tiens vraiment à en voir le plus possible, ai-je répondu. Les éléphants, les rhinocéros, les lions, les léopards, les buffles, les antilopes, les hippopotames... Tous, comme vous voyez! »

« Les cinq premiers que vous avez nommés sont désignés ici comme les Cinq Grands de l'Afrique, expliqua Mick. Il vous faudra un guide. En fait, vous aurez besoin d'un guide pour voir tous les animaux, sauf pour les zèbres et les antilopes que vous pouvez voir si vous vous rendez en haut du grand plateau derrière et que vous observez en direction opposée à l'océan. Les zèbres et les antilopes peuplent toute la savane. »

« Êtes-vous sérieux? »

« Bien sûr », répondit-il.

« Est-ce dangereux? »

« Pas vraiment. Il n'y a plus beaucoup de lions dans cette région. »

« Pourquoi ai-je besoin d'un guide pour voir les autres animaux? »

« Vous pouvez toujours essayer de le faire par vous-même, mais partir en safari n'est pas comme aller au zoo. Certains animaux ne vivent que dans des régions bien précises du pays. Il vous faudra parcourir de grandes distances si vous voulez les voir. Et vous devez savoir précisément ce que vous cherchez. Comme je le disais, ce n'est pas comme une visite au zoo. Et c'est sans compter la possibilité d'être attaqué par un animal quelconque. Vous avez intérêt à être accompagné par quelqu'un qui sait ce qu'il fait. »

« Et ces distances sont-elles considérables? » ai-je demandé.

« À pied, il vous faudra des mois pour les parcourir, peut-être même une année si vous voulez tout voir. Le bon côté, c'est que vous aurez véritablement connu l'Afrique. Autrement, vous pouvez utiliser des chevaux ou prendre des bateaux de port en port. Votre voyage durera assurément moins longtemps. Combien de temps comptez-vous rester en Afrique? »

« Le temps qu'il faudra, ai-je répondu. J'ai laissé mon emploi, j'ai vendu presque tous mes biens et j'ai entreposé le reste. Je crois que je peux rester tant et aussi longtemps que j'aurai de l'argent. »

« Alors, je vous conseille la marche, suggéra-t-il. Puisque vous êtes venu pour voir les animaux et connaître l'Afrique, aussi bien le faire à fond. En plus, cela diminuera vos dépenses. »

L'idée de marcher durant une année ne m'enchantait guère, mais je voulais rester ouvert à toutes les options, du moins jusqu'à ce que je les comprenne bien.

« Où puis-je trouver un guide, Mick? Certains d'entre eux parlent-ils le français? »

« Vous pouvez demander aux gens en ville. De mon côté, je vais être à l'écoute également. Maintenant que je sais ce que vous cherchez, il ne devrait pas être trop difficile de vous jumeler à quelqu'un qui est prêt à partir. Il est vrai que votre projet s'étale sur une longue période. Ce sera peut-être un peu plus long avant de trouver quelqu'un, mais ça devrait s'arranger. Et en ce qui concerne le français, reprit-il après une courte pause, la plupart des gens, ici, sont bilingues. Ils parlent tous leur propre langue et plusieurs parlent aussi le français. »

Je hochai la tête lentement en assimilant tout ce qu'il m'expliquait. Puis, je lui posai une dernière question.

« Vous avez mentionné que je pouvais voir des zèbres et des antilopes près d'ici? »

« Tout à fait! Dirigez-vous vers cet immense plateau que vous voyez au nord. Il vous faudra environ trente minutes pour parvenir au sommet. Il y a un chemin qui y mène. Vous n'avez qu'à le suivre. Vous pensez vous y rendre aujourd'hui? »

« J'y compte bien. Avec tout ce que vous m'avez expliqué, il me semble que j'ai une réflexion à faire, et ça m'apparaît un bon endroit pour la faire. »

CHAPITRE 3

Une heure plus tard, j'étais à mi-chemin de mon ascension jusqu'au sommet du plateau. En marchant, je pouvais voir des hordes de zèbres et d'antilopes broutant dans les plaines plus bas. Ça me semblait surréaliste. J'étais en Afrique!

Je n'avais croisé personne durant ma randonnée. L'hôtel était situé aux limites de la ville. Toute l'activité citadine était donc concentrée entre le port et « L'évasion ». De ce côté-ci, il n'y avait que la vie sauvage – une vie sauvage merveilleuse, pure et immense.

Lorsque j'atteignis le sommet, je remarquai un petit arbre dont l'ombrage m'invita à m'asseoir. Entre les regards sur les animaux, en bas, dans la savane, je notais mes pensées dans mon journal. Avant d'entreprendre mon voyage, je m'étais procuré un calepin à la reliure de cuir brun afin de tenir un journal. Je ne savais pas à quoi m'attendre de mes aventures, mais je trouvais qu'un journal était un élément intéressant à avoir avec moi.

Était-ce grâce à la douceur de la brise, à la tranquillité des lieux ou à la fatigue causée par ma randonnée – ou à une combinaison de tous ces éléments –, mais je me suis assoupi sous l'arbre.

À mon réveil, j'ai sursauté en voyant une vieille femme assise à un mètre de moi. En m'entendant me redresser, elle se tourna vers moi et me sourit.

Ses cheveux presque complètement blancs trahissaient son âge avancé. Elle avait la peau brun foncé et des yeux pétillants de vie.

« La sieste a été bonne? » demanda-t-elle avec son accent africain.

« Oui », ai-je répondu tout en essayant de retrouver mes esprits. Je me sentais un peu confus et surpris de me réveiller avec quelqu'un assis près de moi.

« Je crois savoir que tu cherches un guide », dit-elle.

« En effet. Je veux voir les animaux. Connaissez-vous quelqu'un qui voudrait être mon guide? »

« J'ai pensé que je pourrais peut-être te servir de guide », dit-elle en souriant à nouveau.

Je ne savais pas quoi répondre pour ne pas avoir l'air ingrat. Elle était sans l'ombre d'un doute très âgée. Même si elle semblait être en bonne santé, elle m'apparaissait plutôt frêle. Je doutais qu'elle puisse marcher durant des semaines, encore moins des mois ou même une année, comme Mick estimait la durée de cette aventure.

« Vous êtes guide? » demandai-je tout en essayant de camoufler mes doutes.

« Oui, dit-elle lentement. Je suis guide. Je me nomme Gombé Narubu, mais les gens m'appellent Ma Ma Gombé. »

Je me suis mis debout et j'ai marché jusqu'à elle.

« Je me nomme Jack. C'est un plaisir de vous rencontrer, Ma Ma Gombé. »

« Et c'est aussi un plaisir de te rencontrer, jeune Jack... »

Elle fit une pause et plongea son regard dans le mien.

« ... Bien que ton âme ne soit pas aussi jeune que ce dont tu as l'air, non? »

Je l'ai regardée, perplexe.

« Je ne suis pas certain de vous comprendre. »

Elle sourit et hocha légèrement la tête à quelques reprises.

« Tu comprendras plus tard. Et pourquoi es-tu venu en Afrique, jeune Jack? »

J'ai détourné mon regard vers les plaines aux longues herbes et les hordes d'animaux y broutant. « Je ne sais pas vraiment. Chez moi, je me débattais pour trouver ma place. J'essayais de découvrir ce qui me rendrait heureux. Toute ma vie, j'ai rêvé de voir les animaux d'Afrique. Comme je ne savais pas quoi faire d'autre, je me suis concentré sur ce rêve. Et me voilà! »

« C'est tout à ton honneur, dit-elle. La plupart des gens ne vont jamais aussi loin dans leurs rêves. »

Je me retournai vers elle.

« Et vous, qu'est-ce qui vous amène dans ce lieu en particulier? »

Elle hésita un instant, puis me fixa dans les yeux.

« Je suis ici parce que, toi et moi, nous devions nous rencontrer, répondit-elle. Je suis ici parce que je crois que tes Cinq Grands Rêves de vie et les miens sont reliés. »

De nouveau, elle me plongea dans la confusion.

« Cinq Grands... Est-ce relié aux Cinq Grands de l'Afrique? Le commis à l'hôtel m'a mentionné que c'était ainsi que l'on nommait les éléphants, les léopards, les lions, les buffles et les rhinocéros. »

« Tout est relié, jeune Jack. Tout est interconnecté. Tu as raison. De la même façon que les visiteurs estiment avoir réussi leur safari africain s'ils ont pu voir les Cinq Grands de l'Afrique, les gens qui ont pu réaliser leurs Cinq Grands Rêves estiment que leur vie a été un succès. »

Je détournai de nouveau mon regard vers les plaines d'herbes plus bas.

« Je ne sais pas vraiment de quoi vous parlez. J'ai lutté toute ma vie avec le succès. »

« Peut-être est-ce parce que tu n'as pas encore trouvé tes Cinq Grands Rêves de vie », répondit-elle doucement.

Ma Ma Gombé était assurément sympathique. La jeunesse de son regard, sa présence rassurante, tout semblait lui conférer l'aura d'une vieille âme, d'une femme sage, de quelqu'un qui a beaucoup vécu et qui a grandi à travers ses expériences.

Ma Ma Gombé se leva. « Tu viens tout juste d'arriver, jeune Jack. Je vais te laisser le temps de te reposer. Demain après-midi, je reviendrai ici. Nous pourrons alors parler plus longuement. »

Sur ces paroles, elle s'en alla. Je retournai m'asseoir sous l'arbre.

« Elle ne peut être ma guide, pensai-je à voix haute. Elle est âgée, elle est frêle et elle ne porte même pas de chapeau. Comment peut-on être un guide africain si on ne porte pas de chapeau? »

CHAPITRE 4

« **A**ucun guide ne porte de chapeau », me dit Mick en me servant une consommation au bar. « Les Occidentaux en portent, mais pas les Africains. Ils ont grandi avec le soleil. Ils n'ont pas besoin de chapeau. Ils n'ont pas les yeux clairs comme vous et moi. Nous avons besoin d'ombrage pour bien voir, mais pas eux. Ils n'ont pas besoin non plus de se couvrir pour se protéger du soleil. Ils sont en parfaite harmonie avec leur environnement. Vraiment, aucun d'eux ne porte de chapeau. »

« Bon, d'accord, ils ne portent pas de chapeau. Mais son âge? Savez-vous quel âge a Ma Ma Gombé? »

« Écoutez, Jack. Je comprends où vous voulez en venir. Un étranger voit Ma Ma Gombé et se dit qu'une femme aussi âgée ne peut être guide pour traverser l'Afrique. Mais le fait est que je choisirais Ma Ma Gombé comme guide plutôt que bien d'autres personnes dans cette ville.

» J'avais peine à y croire lorsqu'elle est entrée ici cet après-midi. Quelques heures auparavant, nous venions de discuter vous et moi sur ce que vous vouliez et sur le fait que vous cherchiez un guide, et voilà qu'elle se pointe. Et permettez-moi d'ajouter qu'elle n'était même pas étonnée lorsque je lui ai mentionné que vous veniez d'arriver. Je ne sais pas comment expliquer cela, mais elle semblait savoir tout cela déjà. »

« Mick, je ne mets pas en doute ce que vous dites. Vous êtes ici depuis une dizaine d'années, alors si vous me dites qu'elle est une excellente guide, je vous crois. Mais pour la sécurité? Elle ne doit sûrement pas transporter un fusil, non? Qu'arrivera-t-il si nous partons elle et moi et que nous avons des problèmes? »

Mick sourit. « Peut-être est-ce ce qui fait d'elle une aussi bonne guide. Elle n'amène jamais les gens qu'elle guide dans des endroits problématiques. Vous vous souvenez que je vous ai dit qu'il valait mieux être accompagné de quelqu'un qui savait ce qu'il faisait? Eh bien, Ma Ma Gombé sait parfaitement ce qu'elle fait. »

Je l'ai regardé, encore sceptique.

« Jack, reprit-il, si vous m'aviez dit que vous vouliez une excursion de trois ou quatre semaines à cheval, flânant ici et là tout en réveillant quelques bêtes dans les buissons, je vous aurais recommandé quelqu'un d'autre. Mais si vous voulez vraiment vivre l'expérience africaine, voilà la chance de votre vie. Ma Ma Gombé est âgée; qui sait combien d'expéditions elle fera encore?

» Elle a parcouru ce continent, mon ami. Elle fait partie de l'Afrique et l'Afrique fait partie d'elle. Elle comprend des choses que tous les autres guides réunis n'arrivent pas à saisir. Et, d'après ce qu'elle m'a dit, cette expédition prend un sens particulier pour elle. Je crois que ce serait une folie de laisser filer une telle chance. »

Mick fit une pause en me regardant.

« Je vais vous dire autre chose au sujet de Ma Ma Gombé : elle ressent l'énergie de l'Afrique. »

« Que voulez-vous dire? » ai-je demandé.

« L'Afrique vit à son propre rythme, expliqua-t-il. Les gens qui réussissent à s'harmoniser avec ce rythme ne sont jamais réellement en danger. Ce n'est peut-être pas toujours évident, mais c'est pourtant vrai. Ces gens savent ce qui va arriver avant que les événements ne surviennent. Ma Ma Gombé est en harmonie avec le rythme de l'Afrique. »

Cette nuit-là, avant d'aller au lit, je suis resté dans le hall de l'hôtel. Pour la première fois, depuis mon arrivée, j'ai senti quelque chose. C'était l'énergie dont Mick m'avait parlé. Il y avait dans l'air une sensation d'excitation presque palpable. C'était un appel à l'aventure. Je pouvais le ressentir, même sur ma peau.

« Peut-être Mick a-t-il raison au sujet de Ma Ma Gombé », me suis-je dit.

CHAPITRE 5

« Ce sont les cinq choses que tu désires faire, voir ou vivre avant de mourir, jeune Jack. Si tu réalisais, voyais ou vivais ces cinq choses, tu pourrais dire avoir réussi ta vie, selon ta propre définition du succès. Ces choses n'ont rien à voir avec ce que pensent tes parents, tes voisins, ton patron, ta famille ou même ta conjointe. Ces choses sont importantes pour toi, pas pour les autres. »

Je m'étais adossé à l'arbre tout en écoutant Ma Ma Gombé. L'après-midi tirait à sa fin et la chaleur du soleil était moins écrasante. J'étais remonté sur le plateau et de nouveau je m'étais assoupi sous l'arbre. Et, une fois de plus, Ma Ma Gombé était à mes côtés à mon réveil. Elle m'expliquait ce que signifiaient les Cinq Grands Rêves de vie dont elle m'avait parlé la veille.

« Je n'ai jamais entendu parler de cela auparavant », lui ai-je avoué.

« Ça ne me surprend pas, répondit-elle. Peu de gens en ont entendu parler. »

« Mais pourquoi m'expliquez-vous tout cela? » lui ai-je demandé.

« Je t'ai dit hier que nous étions tous en lien les uns avec les autres, jeune Jack. Tu t'en souviens? »

« Oui », lui dis-je.

« Je crois que nous ne réalisons pas, toi et moi, à quel point nous sommes reliés l'un à l'autre. Je crois que nos routes se sont croisées afin que nous puissions nous aider mutuellement à réaliser une partie de nos Cinq Grands Rêves de vie. »

« Je vois, ai-je dit, puis j'ai secoué la tête. Non, à vrai dire, je ne vois pas du tout ce que vous voulez dire. Je pensais que vous souhaitiez devenir ma guide. En quoi est-ce que ça concerne mes Cinq Grands Rêves de vie? Et en quoi est-ce que ça concerne les vôtres? »

Ma Ma Gombé déposa sa main sur mon épaule.

« Regarde », dit-elle en pointant les plaines au bas du plateau. « À quel point est-ce important pour toi de te rendre là-bas, de voir ces animaux de près, de vivre l'expérience africaine? »

J'ai suivi du regard la direction qu'elle pointait de son doigt et je fus instantanément captivé par les zèbres et les antilopes, tout comme je l'avais été la veille en les voyant pour la première fois.

« C'est très important », lui ai-je répondu.

« Tu m'as confié avoir travaillé durant deux années afin d'économiser suffisamment d'argent pour venir en Afrique. Dirais-tu, à ce moment-ci de ta vie, que ce voyage en Afrique est l'une des Cinq Grandes Choses que tu souhaites faire, voir ou vivre avant de mourir? Est-ce important à ce point? »

« Oui », ai-je répondu.

« Alors, c'est la partie du lien qui te concerne. Tu es ici pour vivre l'un des Cinq Grands Rêves de ta vie, même si tu n'en étais pas conscient avant ton arrivée. Et je suis ici pour te guider dans la réalisation de ce rêve. »

« Et comment suis-je relié à vos Cinq Grands Rêves de vie? » ai-je demandé.

« Je n'en suis pas sûre encore, répondit-elle, mais je pense que tout cela s'éclaircira à mesure que nous progresserons dans notre aventure. Pour l'instant, je peux te dire qu'il ne me reste qu'un seul Grand Rêve à réaliser. Depuis que je suis toute jeune, j'ai toujours rêvé de voir un endroit que mon grand-père nommait le "berceau de la vie". Il racontait avoir visité cet endroit lorsqu'il était un jeune homme. Lorsque j'étais une petite fille, il me parlait de cet endroit où l'on peut observer la vie s'éveiller, alors que le soleil se lève à l'est, et le monde s'endormir, lorsque le soleil décline à l'ouest. J'ai rêvé toute ma vie de voir cet endroit et je crois que je dois y aller bientôt. »

« Et en quoi suis-je relié à cela? » demandais-je.

« Je ne sais pas, jeune Jack. Peut-être que l'argent que tu me donneras en échange de mes services de guide me permettra de me rendre au berceau de la vie. Peut-être jouerastu un autre rôle... C'est ce que nous devrions découvrir lors de notre aventure. »

Elle tapota ma jambe. « Je vais te faire voir l'Afrique, jeune Jack. Je vais te montrer ses animaux, son peuple, sa beauté naturelle. Je vais t'aider à concrétiser ce Grand Rêve de ta vie. Pour ce qui est de ton rôle dans la réalisation de mon dernier Grand Rêve de vie, il se révélera à nous durant ce voyage. »

Je n'avais aucune idée de ce qui m'attendait en acceptant l'offre de Ma Ma Gombé. À ce moment-là, cette offre me paraissait insensée, mais pourtant impossible à refuser. Aujourd'hui, avec le recul, je vois à quel point ma décision fut sage. Ne pas avoir accepté l'offre de Ma Ma Gombé aurait été la plus grande erreur de ma vie.

CHAPITRE 6

Nous étions en route depuis moins d'une journée et, déjà, je réalisais à quel point Ma Ma Gombé était un atout majeur pour mon aventure.

Avant notre départ, elle m'avait emmené au marché de la ville. Avec la précision d'un tailleur de diamants, elle avait sélectionné tout ce dont nous aurions besoin pour notre voyage. Nous ne transporterions que les choses essentielles. Tout le reste était abandonné, même plusieurs « trucs » au fond de mon sac à dos.

Tout le monde connaissait Ma Ma Gombé. Une énergie inhabituelle semblait émaner de chacune de ses interactions avec les gens. Elle expliquait à chaque personne qu'elle rencontrait que nous entreprenions un voyage pour réaliser l'un de nos Cinq Grands Rêves de vie. Et chaque personne démontrait un grand intérêt pour ce que nous faisions et pour chaque élément que nous achetions. Plus d'un marchand nous laissa à un prix moindre des choses de plus grande valeur. Et chacun d'eux vérifiait méticuleusement les produits que nous achetions, comme si lui-même allait se servir de ces marchandises.

J'ai d'ailleurs interrogé Ma Ma Gombé à ce sujet dès le premier jour de notre aventure.

« C'est un étrange paradoxe de la vie, jeune Jack. Les gens souhaitent faire partie de quelque chose d'extraordinaire. Lorsqu'ils savent que tu réalises l'un de tes Cinq Grands Rêves de vie – ce qui te permettra de définir ta vie comme un succès –, ils veulent en faire partie. As-tu remarqué avec quel soin les marchands manipulaient leurs marchandises? »

« Et comment! ai-je répondu. Chaque produit était vérifié trois fois et pratiquement emballé comme s'il s'agissait d'un cadeau. Jamais je n'avais vu des gens aussi intéressés à me voir réussir. »

« Effectivement, dit-elle. Les gens vont souvent faire plus pour les autres que pour eux-mêmes. J'ai lu déjà un livre au sujet d'un homme formidable. Cet homme avait mené une étude pour déterminer à quel point nous étions tous reliés les uns aux autres. Dans le cadre de son étude, il avait réalisé une expérience où un colis était adressé à une personne dans une ville précise. Une note accompagnait le colis et précisait que ce dernier devait être remis en mains propres à quelqu'un dans une très, très lointaine ville.

» L'homme menant l'étude désirait ainsi connaître le nombre de personnes à qui le colis serait remis avant qu'il soit livré en mains propres au destinataire dans la ville lointaine. »

« Qu'a-t-il découvert? » ai-je demandé.

« Deux choses. Premièrement, il a découvert que seulement six personnes séparaient les deux étrangers.

Deuxièmement, et c'est tout aussi important, il a découvert que le plus grand facteur motivant les gens à livrer le colis ou non était la valeur qu'ils lui attribuaient.

» Si les gens croyaient que le colis avait une grande valeur, ils étaient entièrement disposés à participer à sa livraison. Mais, s'ils pensaient qu'il avait peu de valeur, souvent, ils n'offraient pas leur aide.

» La raison pour laquelle les marchands ont démontré leur grand intérêt à nous aider est parce que nous poursuivons nos Cinq Grands Rêves. Notre "colis" est l'une des cinq choses qui feront de notre vie un succès si nous les réalisons, les voyons ou les vivons, selon notre définition du succès. »

« Et cela a-t-il une grande valeur? » ai-je demandé.

« La plus grande des valeurs. »

Et ce que nous avions vécu avec les marchands, en ce premier jour, se poursuivit tout au long de notre aventure. Peu importe la taille du village ou le statut d'un étranger, chaque personne rencontrée déployait des efforts extraordinaires pour nous aider à accomplir le succès tel que nous le définissions pour nous-mêmes.

CHAPITRE 7

À notre troisième jour de marche, nous avions laissé derrière nous tout signe de civilisation. Nous étions au milieu d'une mer de hautes herbes bougeant au gré du vent et parmi lesquelles se dressaient parfois des arbres que je n'avais jamais vus auparavant. Ma Ma Gombé m'expliqua que c'étaient des baobabs.

« C'est la façon que Dieu a choisie pour nous rappeler de voir le monde avec humour, jeune Jack. Quand Dieu a créé les baobabs, il les a plantés de façon à ce que les racines poussent vers le ciel. Ainsi, peu importe combien a pu être éreintant le trajet, un voyageur pourra les voir et se souvenir de voir la vie avec humour. »

Et c'était vrai! Ces arbres avaient des troncs massifs et énormes qui supportaient une multitude de branches frêles qui avaient vraiment l'allure de racines. Ces arbres étaient impressionnants.

Tout au long de notre parcours, Ma Ma Gombé se faisait un devoir de me montrer des plantes en m'expliquant leur utilité. Quelques-unes servaient à la médecine, d'autres pouvaient être déterrées, cuites et dégustées. L'une de ces plantes procurait suffisamment d'énergie pour permettre une journée entière de marche.

Elle m'apprit également à lire la température et à décortiquer le comportement animal. Nous avions déjà vu des centaines de zèbres, d'antilopes et de familles de phacochères depuis notre départ. Pour chacun des animaux que nous rencontrions, elle me faisait remarquer ses particularités et les nuances de son comportement. Par exemple, elle me fit observer une gazelle qui pointait une oreille dans une direction et l'autre dans la direction opposée afin d'entendre simultanément tout ce qui se passait autour d'elle.

Une autre fois, elle me fit remarquer la façon dont certaines bêtes sortaient de la horde et se plaçaient tout autour du troupeau afin de pouvoir renifler l'odeur d'un prédateur des kilomètres à l'avance, peu importe d'où il pouvait venir.

Ma Ma Gombé ne faisait pas que m'expliquer les choses. Elle m'interrogeait aussi sur ce qu'elle m'avait partagé afin de s'assurer que j'avais bien compris. J'allais réaliser plus tard qu'il y avait une raison pour laquelle elle tenait à ce que non seulement je comprenne ces choses, mais surtout que je les connaisse.

J'avais l'impression d'étudier dans la plus grandiose université jamais créée. Chaque jour était une nouvelle occasion d'apprendre un peu plus sur la vie.

Durant les premiers jours, je me demandais constamment jusqu'à quelle distance nous allions marcher par journée. Chaque fois que j'interrogeais Ma Ma Gombé à ce sujet, elle répondait : « Jusqu'à ce que nous nous arrêtions. » À la quatrième journée, lorsque je lui ai posé la même question, elle m'a regardé et m'a souri : « Jeune Jack, pourquoi es-tu toujours préoccupé par la distance que nous allons marcher? »

« Je ne sais pas, dis-je. Je crois que j'aime prendre note de notre progression, savoir si nous respectons l'horaire ou non. »

Ma Ma Gombé ouvrit grand les bras en regardant les grandes plaines autour d'elle. « Et si nous ne la respectons pas? demanda-t-elle. Et nous marchons selon quel horaire au juste? Jeune Jack, vois-tu ce vautour? »

Elle pointa vers le sud où un vautour faisait de grands cercles dans le ciel. « Crois-tu qu'il se demande s'il suit l'horaire ou non? Il sait que lorsqu'il est affamé et que le lion a tué une proie, il doit s'y rendre le plus vite possible. Lorsqu'il n'y a aucune carcasse en vue ou lorsqu'il est rassasié, il n'a simplement qu'à être. Rien de plus, rien de moins! »

» Si nous nous tracassons continuellement sur ce qui arrivera après, nous sacrifions l'occasion d'être en relation avec ce qui se passe autour de nous. On ne peut jamais aller dans le futur, jeune Jack. Lorsqu'on l'atteint, ce n'est déjà plus le futur; c'est devenu le présent. Alors, soit nous profitons de la vie au moment où elle se déroule, soit nous nous préparons constamment à en profiter. »

Ma Ma Gombé me sourit de nouveau.

« Laisse-moi te raconter une histoire. Lorsque j'étais enfant, commença-t-elle, mes frères et moi avions l'habitude de jouer à un jeu particulier. Nous plantions un bâton dans le sol. Puis, nous prenions un anneau d'herbes tressées que nous lancions vers le bâton. Nous avions chacun dix essais et celui qui réussissait à placer l'anneau autour du bâton le plus de fois était déclaré gagnant.

» Je suis la seule fille de la famille, et la plus jeune des enfants en plus. Mes frères étaient plus forts et plus agiles que moi, mais à ce jeu, j'arrivais à tenir mon bout. Je me concentrais très fort à chaque lancer et, la plupart du temps, j'étais la gagnante. Le problème était que je ne m'amusais pas à ce jeu. Je déployais tellement d'énergie à me concentrer à chaque lancer, que le seul moment où je profitais du jeu, c'était lorsque le dernier lancer était complété et que j'étais déclarée gagnante.

» Un jour, mon grand-père m'aperçut assise à l'écart et vint me trouver. "Petite Gombé, me demanda-t-il, pourquoi ne joues-tu pas avec tes frères? Ils jouent à l'anneau et au bâton. Je pensais que tu aimais ce jeu."

» "Non, grand-papa, lui dis-je, j'aime seulement gagner. Le reste est épuisant. Je dois me concentrer si fort à chaque lancer que je ne m'amuse pas, sauf quand je gagne. Mais dès que je gagne, nous commençons une nouvelle partie sans tarder, alors le sentiment de plaisir d'avoir gagné ne dure qu'un court instant."

» Il me prit et m'assit sur ses genoux. "Petite Gombé, peut-être dois-tu jouer différemment."

"Que veux-tu dire, grand-papa?", demandai-je.

"Eh bien, tu aimes la sensation de gagner, non?"

"Oui", lui dis-je en dodelinant la tête.

"Alors, pourquoi ne ressens-tu pas ce sentiment chaque fois que tu réussis un lancer? me demanda-t-il. Si gagner te procure un moment de joie, la façon dont tu joues actuellement ne peut t'apporter qu'un seul instant de joie, et encore faut-il que tu gagnes. Mais, si tu ressens de la joie chaque fois que tu réussis un lancer, tu pourrais avoir peut-être cinq moments de joie à chacune des parties. Et il importerait peu que tu gagnes ou non."

"Encore mieux que cela, grand-papa, lui ai-je répondu, dit Ma Ma Gombé en souriant à ces souvenirs, je réussis presque toujours sept lancers ou plus à chacune des parties."

"Mais, alors, tu pourrais savourer sept moments de joie même si tu ne gagnais pas, et huit si tu gagnes", me dit-il.

"Mais ce n'est pas la même chose, protestai-je, la sensation n'est pas la même."

"Et qui décide de cela?" me demanda-t-il. »

Ma Ma Gombé sourit de nouveau. « Et avec cette simple question, il avait changé le monde pour moi. J'ai commencé à célébrer chaque lancer, à doublement célébrer chaque lancer réussi, et à célébrer encore plus lorsque je gagnais. Et je me suis mise à gagner plus de parties. À partir de ce moment, j'étais la plus heureuse joueuse de cerceau et de bâton qui n'avait jamais vécu. »

Quant à moi, à partir de ce moment, et pour le reste du voyage, j'ai cessé de me préoccuper de la distance que nous allions franchir et j'ai commencé à célébrer chaque pas que nous faisions.

CHAPITRE 8

À notre troisième semaine de voyage, après une journée entière de marche, j'ai remarqué que le paysage devant nous semblait différent. Les plaines cédaient la place à de petites collines rondes et à la forêt. Cette nuit-là, nous avons campé à la bordure de la forêt.

Alors que nous nous préparions à dormir, Ma Ma Gombé m'annonça : « Demain, je vais te faire rencontrer Adoo, jeune Jack. Demain, tu verras ton premier éléphant. »

Elle avait dit vrai. Le lendemain, je voyais en effet mon premier éléphant. Et j'ai failli y laisser ma peau.

La matinée avait bien commencé. Nous nous étions réveillés à la levée du soleil et nous avions suivi un sentier parmi les bosquets d'arbres. Ma Ma Gombé m'avait prévenu d'être silencieux et de marcher lentement et prudemment. Au-dessus de nos têtes, des familles de singes sautaient de branche en branche. Parfois, une bataille éclatait entre eux et la jungle s'animait grâce aux hurlements et aux cris stridents des belligérants.

Le sentier débouchait sur une vaste clairière. Ma Ma Gombé m'ordonna alors de m'arrêter. Droit devant nous se trouvait un grand étang d'eau vaseuse entouré de sable et de terre rougeâtre. Au-delà de cette mare, la jungle s'éclaircissait. Des collines rondes s'étalaient les unes derrière les autres.

Ma Ma Gombé s'assit. « Ils vont arriver bientôt », mentionna-t-elle en m'ordonnant de m'asseoir.

Je venais tout juste de m'installer sur le sol quand je les ai vus. Ils étaient deux groupes, l'un venant de la jungle que nous avions quittée quelques minutes auparavant et l'autre descendant des collines de l'autre côté de l'étang. Le groupe venant de la jungle était formé de huit éléphants de tailles diverses.

« C'est une famille, dit Ma Ma Gombé. Les familles d'éléphants sont matriarcales. La femelle, devant le groupe, est celle qui mène la famille. »

Je regardais dans la direction pointée par Ma Ma Gombé et j'ai vu l'énorme femelle devant le reste du groupe.

« Elle veillera sur la famille jusqu'à ce qu'elle meure. À ce moment, ce sera la plus vieille femelle de sa progéniture qui lui succédera. Peut-être que, un jour, la toute petite femelle que tu vois au milieu du troupeau sera à son tour à la tête de la famille. »

Ma Ma Gombé avait désigné du doigt un éléphanteau à peine plus grand qu'un mètre, courant parmi les immenses bêtes.

« Est-ce qu'ils vivent longtemps? » demandai-je.

« Plus de soixante-dix ans, jeune Jack, répondit-elle, si on les laisse en paix, évidemment. »

Les deux groupes se rencontraient maintenant à la hauteur du point d'eau, tout en barrissant bruyamment et en se heurtant.

« Est-ce dangereux? » demandai-je.

« Non », répondit-elle en souriant et sans jamais quitter les éléphants des yeux. « Ce ne sont que deux familles qui se saluent. C'est leur façon de dire "bonjour". »

Un à un, les éléphants commencèrent à s'immerger dans la mare. Ils puisaient l'eau par leur trompe et la recrachaient au-dessus de leur tête. Puis, de nombreux éléphants apparurent, venant autant de la jungle que des collines. En milieu d'avant-midi, Ma Ma Gombé et moi étions assis à une distance d'un jet de pierre de plus de soixante éléphants.

Mon observation fut interrompue par un bruit derrière nous. Au moment où j'allais me retourner brusquement, Ma Ma Gombé mit sa main sur mon épaule. « Doucement, jeune Jack. Bouge toujours lentement en présence des éléphants. De plus, ce n'est que mon ami Kimasa. »

Je me suis retourné lentement et je vis un garçon d'environ seize ans s'accroupir auprès de Ma Ma Gombé.

« Bonjour, Ma Ma Gombé », dit-il avec un large et brillant sourire.

« Bonjour, Kimasa », répondit-elle en collant son front sur le sien. « Kimasa, voici mon ami Jack. Il n'avait jamais vu d'éléphants avant ce matin. »

Comme Kimasa se tournait vers moi, son sourire s'effaça.

« Des braconniers! » dit-il.

Je suivis son regard jusqu'à la bordure de la jungle. Deux hommes armés de fusils avançaient lentement et silencieusement vers les éléphants.

Sans tarder, Kimasa émit un son aigu en sifflant l'air entre ses dents. Immédiatement, quelqu'un dans les arbres lui répondit de la même façon. Puis, trois autres sifflets retentirent à l'unisson. Les hommes armés s'arrêtèrent, scrutant tout autour pour localiser d'où venait le son des sifflements.

Les éléphants avaient été alertés par ces sons aigus. Sept grands mâles commencèrent à barrir et à balancer leur tête de l'avant vers l'arrière. Ils repérèrent rapidement les braconniers, qui étaient maintenant à découvert, et ils se rangèrent les uns contre les autres, formant un mur entre les braconniers et les femelles et leurs rejetons.

J'observais les braconniers. Ils étaient à une trentaine de mètres de la bordure de la jungle. Ils semblaient évaluer leurs options. Allaient-ils s'enfuir en courant ou tirer sur l'un des éléphants? C'est alors que l'un des mastodontes fonça sur eux.

Au même moment, deux hommes émergèrent de la jungle et sifflèrent, tout comme Kimasa l'avait fait. Les braconniers commencèrent à courir directement vers nous.

CHAPITRE 7

Kimasa se tourna vers moi. « Nous devons les intercepter. S'ils s'enfuient, ils reviendront pour tuer les éléphants. »

« Et, s'ils nous voient, ils pourraient bien nous tirer dessus », répondis-je.

« Alors, ne les laissez pas vous voir », dit-il.

Je me suis retourné pour demander à Ma Ma Gombé ce que nous devions faire. Elle n'était plus là. Je regardais vers Kimasa. Il n'était plus là lui non plus.

Les braconniers n'étaient plus qu'à une cinquantaine de mètres de moi. Je me suis accroupi le plus possible au milieu des herbes où nous étions assis, de sorte qu'ils ne puissent pas me voir. Mais je savais que, dans quelques instants, ils arriveraient à ma hauteur. Le plus petit des braconniers était considérablement plus rapide que l'autre. Il courait bien au devant de son comparse. Il me paraissait être en avance d'une quinzaine de mètres.

Alors qu'il arrivait où j'étais, Ma Ma Gombé bondit des herbes et invectiva l'homme. Il arrêta sa course, mit Ma Ma Gombé en joue et se prépara à tirer sur elle.

Dans un élan de survie, je me jetai sur lui. Comme il ne m'avait pas vu, la surprise le déstabilisa et son fusil fut projeté plus loin dans les herbes. En me relevant sur mes pieds, j'entendis un bruit sec et je ressentis une vive douleur. J'ai levé les yeux pour voir le second braconnier se préparer à tirer un second coup.

Mais il n'en eut jamais la chance. Kimasa l'attendait. Au moment où le braconnier réarmait son fusil, il lui asséna un coup qui lui fit perdre l'équilibre.

En quelques secondes, les amis de Kimasa neutralisaient les deux braconniers et la bataille était terminée.

Cette nuit-là, Ma Ma Gombé, Kimasa et moi étions assis près du feu de camp. Ma Ma Gombé avait cueilli des feuilles dans la forêt, qu'elle avait ensuite écrasées et mélangées dans un petit bol d'argile.

« Ça calmera la douleur », dit-elle en appliquant la mixture sur l'éraflure laissée par la balle sur mon bras. « Tu as été chanceux. Quelques décimètres vers ton corps et rien de ce que je t'applique ne t'aurait aidé. »

Il m'a fallu presque une heure après l'incident pour cesser de trembler. Je n'avais jamais frôlé la mort d'aussi près.

« Tu as été très brave, jeune Jack, ajouta Ma Ma Gombé, tu m'as sauvé la vie aujourd'hui. »

« J'ai cru qu'il allait tirer sur vous », lui avouai-je.

CHAPITRE 9

« Oui, je sais, reprit-elle. Et il l'aurait probablement fait, n'eût été ton intervention. »

« Pourquoi étaient-ils là? » demandai-je.

« Ce sont des braconniers, répondit Kimasa. Ils tuent les éléphants et les laissent pourrir là après leur avoir pris leurs défenses. Mais pourquoi font-ils cela? » demandait-il à son tour à Ma Ma Gombé. « Pourquoi tiennent-ils tant aux défenses des éléphants? Ce ne sont ni plus ni moins que des os. »

Ma Ma Gombé s'assit en silence.

« Moi, je sais, dis-je calmement. Ils les vendent. »

« Mais pourquoi? » demanda-t-il encore.

« Des gens les sculptent et ils les vendent comme des pièces d'art. »

« Mais pourquoi ne sculptent-ils pas le bois ou la pierre? »

Ma Ma Gombé se tourna vers lui. « Parce que les gens vont débourser plus d'argent pour les sculptures dans les cornes », dit-elle avec tristesse.

Kimasa nous regarda avec incrédulité. « Mais est-ce que les gens réalisent qu'un éléphant doit mourir pour chacune de ces sculptures? Même la plus énorme défense ne doit pas peser plus de 50 kilos. Croient-ils qu'il vaille la peine de tuer un éléphant qui aurait vécu soixante-dix ans

– et qui faisait partie d'une famille en plus – pour quelque cent kilos de "trucs" à sculpter? »

« Oui, répondit Ma Ma Gombé. Je sais que ça semble insensé, mais oui. »

Kimasa secoua la tête. « Si ces gens voyaient à quel point chaque éléphant est une œuvre d'art vivante, je ne crois pas qu'ils pourraient continuer à justifier leur massacre pour un morceau de leur défense. Comment cela peut-il faire partie de leurs Cinq Grands Rêves de vie, Ma Ma Gombé? »

Elle secoua la tête à son tour et murmura : « Je suis certaine que ça n'en fait pas partie, Kimasa. Je suis certaine que non. »

CHAPITRE 10

L e matin suivant, à mon réveil, Kimasa et ses amis étaient partis. Ils avaient emmené les braconniers.

Ma Ma Gombé et moi sommes retournés près du point d'eau. Durant les deux jours qui ont suivi, nous avons observé les éléphants. C'était fantastique. Ils sont des créatures si gigantesques, mais si enjouées et amicales. Les mères prenaient soin de leurs petits tandis que de jeunes adolescents jouaient bruyamment ensemble. Ce n'était pas si différent d'une famille humaine à la piscine.

« Ma Ma Gombé, croyez-vous que les éléphants ont Cinq Grands Rêves de vie? »

« Oui, je le crois, répondit-elle. Je crois que chacun désire être un éléphant, non une sculpture ornant la maison de quelqu'un. Je crois qu'ils veulent tous vagabonder et voir le monde. Je crois qu'ils souhaitent élever leurs petits. Je crois qu'ils désirent l'amour.

» J'ai la conviction que toutes les créatures ont leurs Cinq Grands Rêves de vie, jeune Jack. Nous, les humains, semblons être les créatures les plus inconscientes des nôtres. »

J'approuvai de la tête, puis je lui fis une confidence. « Ma Ma Gombé, pour ce qui est de l'autre jour, eh bien, disons que je n'avais pas envisagé que réaliser l'un de mes Cinq Grands Rêves puisse s'avérer aussi dangereux. »

« Parfois, la vie n'est pas une route tranquille, reprit-elle, mais ce n'est pas une raison pour nous arrêter. Nous devenons plus forts à chaque pas vers l'avant, et nous nous affaiblissons lorsque nous ne progressons pas. Avant ce voyage, de quoi avais-tu peur? » demanda-t-elle.

« Je ne sais pas », répondis-je.

« Bien sûr que tu le sais », dit-elle en plongeant son regard dans le mien. « De quoi avais-tu peur? »

Je baissai les yeux. « Je crois que j'avais peur de certaines choses banales, comme aborder quelqu'un que je ne connais pas ou essayer quelque chose sans savoir comment m'y prendre. »

« Repense à ce qui s'est passé ici, dit-elle. Après ce que tu as fait il y a deux jours, je ne crois pas que tu seras de nouveau effrayé d'aborder quelqu'un que tu ne connais pas. Lorsque nous avançons, nous devenons plus forts. Nos peurs sont repoussées. Et il vient un jour où nous avons tellement progressé que même la mort ne nous effraie pas. »

Elle me regarda de nouveau. « Si tu avais été tué par les braconniers, tu serais mort en poursuivant l'un de tes Cinq Grands Rêves, jeune Jack. Des gens meurent chaque jour sans jamais avoir été aussi loin dans leurs rêves. Ils meurent d'une lente et douloureuse agonie en se demandant quelle aurait été leur vie s'ils avaient eu le courage de la suivre. Et, pour la plupart d'entre eux, leurs Cinq Grands Rêves sont beaucoup moins dangereux à réaliser que de traverser l'Afrique à pied pour voir les éléphants. »

CHAPITRE 11

Un matin, nous avons traversé plusieurs petites collines. Au loin, j'ai aperçu un village.

« Kamatubu, annonça Ma Ma Gombé. Nous y séjournerons pour les prochains jours. »

Il y avait des semaines que nous n'avions vu personne; j'étais étonné de constater à quel point il était particulier de se retrouver parmi tant de gens.

En parcourant la rue poussiéreuse, des cris retentissaient au fur et à mesure que les villageois reconnaissaient Ma Ma Gombé. Les gens sortaient des habitations pour lui souhaiter la bienvenue. Lorsque la nouvelle que Ma Ma Gombé était là se répandit jusqu'à l'école, les enfants coururent jusqu'à elle pour l'accueillir, comme des fourmis quittant leur fourmilière.

En quelques minutes, elle était entourée d'enfants. Ils dansaient, chantaient et criaient. « Ma Ma Gombé! Ma Ma Gombé! » Il fallut plusieurs minutes à Ma Ma Gombé pour qu'elle parvienne à les calmer suffisamment afin qu'elle puisse leur parler.

« Vous êtes comme une bande de suricates indisciplinés », dit-elle en riant et en serrant contre elle les enfants. « Comment se portent mes petits aventuriers des Cinq Grands Rêves de vie? »

La clameur s'éleva de nouveau alors que chaque enfant essayait d'expliquer sa progression vers la réalisation de ses Cinq Grands Rêves depuis la dernière visite de Ma Ma Gombé.

« Doucement, mes petits, doucement », dit-elle toujours avec le sourire.

Leur enseignante les avait rejoints et Ma Ma Gombé l'avait remarquée alors qu'elle admirait en souriant l'enthousiasme des enfants.

« Et voilà votre merveilleuse enseignante. Tu m'as manqué, Arika », dit Ma Ma Gombé en l'étreignant.

« Vous m'avez manqué aussi, Ma Ma Gombé. Vous avez manqué à tous. »

Merveilleuse ne suffisait pas pour décrire Arika. Elle avait un teint très foncé, des yeux brillants et un front majestueux qui rappelaient les reines nubiennes des livres d'histoires. Ses pommettes saillantes étaient mises en évidence par de petits points blancs disposés de façon géométrique sur sa peau. Ça la rendait séduisante et mystérieuse.

Quelques-uns des enfants remarquèrent que je ne pouvais pas détourner mon regard d'Arika et ils commencèrent à ricaner.

« Et voici mon ami, dit Ma Ma Gombé. Il se nomme Jack et il est à la poursuite de ses Cinq Grands Rêves de vie. »

« Je pense qu'il est en amour avec mademoiselle Arika », dit l'une des petites filles, ce qui provoqua des éclats de rire chez les enfants et des rougeurs sur mes joues.

« Ça suffit, ça suffit, ça suffit! » ordonna Ma Ma Gombé en riant. « Nous avons interrompu votre classe. Pourquoi ne pas se retrouver plus tard sous le grand arbre? » dit-elle en pointant un immense arbre sur l'une des plus petites collines hors du village. « Lorsque l'école sera terminée, venez nous retrouver. Nous voulons entendre toutes vos dernières aventures. »

CHAPITRE 12

L es discussions auxquelles j'ai assisté cet après-midi-
là comptent parmi mes meilleurs moments passés en
Afrique.

Je n'avais jamais vu des enfants aussi enthousiastes par
rapport à leur existence. Sous l'arbre géant, Ma Ma Gombé a
invité chaque enfant à prendre la parole devant le groupe et
à énoncer ses Cinq Grands Rêves de vie, tout en expliquant
ses choix.

Puis, les enfants racontèrent ce qu'ils avaient fait depuis la dernière visite de Ma Ma Gombé afin de poursuivre
leurs rêves. C'était magique. Chaque enfant me semblait
littéralement passionné de sa vie.

Lorsqu'ils eurent tous pris la parole, les enfants deman-
dèrent si Ma Ma Gombé ou moi, ou quiconque, pouvait les
aider. Je fus étonné de constater que Ma Ma Gombé avait
une réponse pour chacun d'eux.

À une petite fille qui souhaitait voir un singe, Ma Ma
Gombé répondit que nous avions vu des centaines de
petits singes roux à trois jours de marche dans la forêt.
Deux enfants plus âgés offrirent à la petite fille de l'y
conduire.

Un garçon d'environ quatorze ans, nommé Bonabu, voulait savoir comment mieux irriguer la terre de sorte que les plantations de son père prospèrent. Ma Ma Gombé lui expliqua que nous avions rencontré des fermiers dans une région plus aride que la sienne. Ces fermiers creusaient de profonds sillons dans lesquels ils plantaient leurs semences. De cette façon, l'ombre protégeait les plants du soleil plus longtemps, le vent ne pouvait leur nuire et l'eau de pluie s'accumulait autour des plants.

Lorsque ce fut son tour, une jeune fille déclara que l'un de ces Cinq Grands Rêves était de voir l'océan. Ma Ma Gombé lui sourit, amusée.

« C'était l'un de mes premiers Cinq Grands Rêves également, Gilana. Admirer l'océan et ne voir que de l'eau à perte de vue, c'est un moment magique de la vie. Et il y a des dauphins, semblables à d'immenses poissons, mais qui respirent l'air tout comme toi et moi. Ils s'approchent du rivage pour se nourrir; si tu t'assois dans l'eau en t'agitant et en faisant des bruits aigus, ils viennent vers toi. »

Ma Ma Gombé parla des vagues qui semblaient mourir sur le rivage, mais qui retournaient dans le ressac et s'unissaient à la prochaine vague. Elle confia également à Gilana qu'elle pourrait nager avec des pingouins si elle se rendait à une plage en particulier le long de la côte africaine.

« Il y en a tellement que tu ne peux les compter, raconta Ma Ma Gombé. Ils sont comme des petits oiseaux blancs et noirs qui vivent autant dans l'eau que sur la terre et qui marchent de cette façon. »

Ma Ma Gombé se leva et commença à déambuler en imitant un pingouin, ce qui déclencha les rires des enfants. « Mais lorsqu'ils plongent dans la mer, ils nagent à la vitesse de la flèche, dit-elle. Et tu peux nager avec eux. »

J'observai Gilana. Elle rayonnait. Elle voyait tout dans sa tête : l'océan, les vagues, les pingouins, les dauphins... Ma Ma Gombé lui avait permis de visualiser son rêve.

Comme si elle avait perçu mes pensées, Ma Ma Gombé ajouta : « Rappelez-vous, mes petits, que chaque grande réalisation de la vie commence par un rêve. Et un rêve n'est rien d'autre qu'une réalité désirant se manifester. »

Ma Ma Gombé s'adressa à Gilana : « Est-ce toi qui as fait le collier que tu portes? »

Autour du cou de Gilana pendait un magnifique collier de pierres vertes aux reflets bleutés entremêlées de pierres ombrées ou noires.

« Oui, Ma Ma Gombé », répondit Gilana. Ma Ma Gombé approuva de la tête. « Si tu veux te rendre jusqu'à l'océan, alors fais autant de colliers que tu pourras en transporter. Lorsque les Wandaris passeront par ici avec leur bétail, l'an prochain, demande aux femmes si tu peux les accompagner.

» Les Wandaris ne vont pas jusqu'à l'océan, mais dans la ville où ils se rendent pour vendre leur bétail, tu pourras aller au magasin et dire au propriétaire que Ma Ma Gombé t'envoie. Il achètera tes colliers. Et si tu lui expliques que tu rêves de voir l'océan, il t'aidera à t'y rendre.

» C'est un vieil ami à moi. Il a passé sa vie à naviguer sur les mers à bord de grands bateaux. Il comprendra toute l'importance que revêt ce rêve pour toi. »

CHAPITRE **13**

Ma Ma Gombé, Arika et moi sommes restés assis sous l'arbre après que les enfants eurent quitté.

« Je n'ai jamais vu des enfants aussi remplis de vie, ai-je dit. Ils ont moins de choses que la plupart des enfants de mon pays, mais ils semblent aimer la vie beaucoup plus. Ils ont plus d'enthousiasme, ils demandent de l'aide, ils s'entraident, ils semblent confiants et tellement concentrés... »

« Ce sont les fruits du travail d'Arika, interrompit Ma Ma Gombé. C'est elle qui leur a enseigné le concept des Cinq Grands Rêves de vie. »

J'ai regardé Arika. C'était difficile de ne pas le faire de toute façon. Son éclat, qui était déjà remarquable à notre arrivée au village, rayonnait littéralement en cette fin de journée.

« Je ne fais qu'accomplir l'un de mes Cinq Grands Rêves de vie et transmettre ce qu'une très sage femme m'a un jour appris », dit Arika en étreignant Ma Ma Gombé. « C'est très gratifiant d'entendre vos observations au sujet des enfants, Jack. »

« Et voilà comment tout cela fonctionne, dit Ma Ma Gombé. Comme tu l'as fait pour Arika, un jour ou l'autre,

❖ **67** ❖

Gilana sera un modèle pour celui ou celle qui voudra voir l'océan. Et Bonabu enseignera à des fermiers d'un autre village à tirer le maximum de leurs champs, comme lui l'aura fait auparavant.

» À chacune des réussites, la puissance du concept des Cinq Grands Rêves augmente. À chacune des réussites, il y a plus de *Qui* dans le monde pour aider les gens à faire, à voir et à réaliser ce qu'ils veulent dans leur vie. »

« Des *Qui*? » ai-je demandé.

Ma Ma Gombé se leva et secoua l'herbe de sa tunique. « J'ai bien peur que les activités de cette journée m'aient quelque peu épuisée, mes jeunes amis, dit-elle. Arika, peut-être pourrais-tu expliquer à Jack ce que tu enseignes aux enfants au sujet des *Qui*. Je ne lui en ai pas encore parlé et je crois que ça lui servira dans son périple. »

Arika se leva. « Laissez-moi vous aider à rentrer chez moi, Ma Ma Gombé. Vous pouvez faire une sieste, puis demeurer avec moi. J'ai beaucoup d'espace. Et vous aussi, Jack. J'ai une chambre que vous pourriez occuper. »

« Non, restez ici vous deux, reprit Ma Ma Gombé. Vous avez beaucoup de choses à vous dire. Je vais me rendre chez toi, Arika, et vous viendrez tous les deux me rejoindre plus tard. »

J'ai regardé Ma Ma Gombé descendre la colline. Puis, je me suis tourné vers Arika. Je voulais graver dans ma mémoire chaque courbe de son visage pour ne jamais l'oublier. J'ai croisé son regard et elle m'a souri.

« Ma Ma Gombé est toute une *Qui*, pas vrai? » dit-elle.

« Je ne suis pas certain de comprendre ce que ça veut dire, mais je peux dire que depuis deux mois que je voyage avec elle, elle n'avait jamais manifesté de signes de fatigue. »

« Je crois qu'elle voulait nous laisser seuls, dit Arika en souriant de nouveau. Elle a un côté romantique. »

J'ai senti mes joues rougir. « Et elle est aussi une *Qui*, même si je ne sais pas ce que cela signifie », dis-je.

« Un *Qui* est quelqu'un qui vous évite d'attraper la maladie du syndrome du *Comment*, Jack », répondit Arika avec son regard si vivant.

« Oh, voilà une réponse qui éclaircit tout. »

Elle rit. « Lorsque les gens déterminent leurs Cinq Grands Rêves de vie, ils se retrouvent dans une position particulière. Ils savent où ils en sont dans leur vie actuellement et vers où ils veulent se diriger. Selon vous, quelle question doivent-ils se poser à ce moment? »

« Puisqu'ils savent où ils sont et où ils veulent être, je suppose qu'ils se demandent comment se rendre d'un point à l'autre? » ai-je répondu.

« Ah, et alors ils seraient d'autres victimes de la maladie du syndrome du *Comment* », reprit Arika.

J'ai ri. « C'est donc ça, la maladie du syndrome du *Comment*? »

« Oui, espériez-vous quelque chose de différent? »

« Eh bien, si je considère tout ce contre quoi j'ai dû être vacciné avant de venir en Afrique, ça ne me semble pas si terrible. »

« Vous sous-estimez l'impact débilitant de la maladie du syndrome du *Comment*, dit-elle en souriant. Elle est pire que la malaria, que la dengue, que la fièvre jaune et que toutes les autres maladies réunies.

» Voyez-vous, lorsqu'une personne se demande "comment vais-je m'y prendre?", elle rencontre des barrières et des obstacles. J'enseigne à mes élèves que chacun des obstacles est comparable à une montagne. Devant la première montagne, les gens sont remplis d'énergie et de passion pour leurs Cinq Grands Rêves.

» Ils passent des jours, des semaines et parfois même des années à essayer de trouver comment ils traverseront cette montagne. Habituellement, leur énergie et leur passion leur permettront de trouver la réponse et de franchir cette première montagne. Malheureusement, une autre montagne se dresse derrière la première. Même s'ils parviennent à surmonter cette seconde montagne, leur énergie et leur passion s'atténuent.

» Lorsqu'ils rencontrent la troisième montagne, ils n'ont plus d'énergie, plus la passion, et même le temps leur manque. Alors, ils abandonnent. Ils sont de nouvelles victimes de la maladie du syndrome du *Comment*. Leurs Cinq Grands Rêves restent suspendus à l'horizon. Ils ne les réaliseront jamais.

» Et parce qu'ils ne feront pas, ne verront pas ou ne vivront pas les cinq choses qu'ils avaient identifiées comme des rêves qui auraient fait de leur vie un succès, ils mourront avec l'échec au fond d'eux-mêmes.

» Et c'est pire que la malaria, la dengue, la fièvre jaune et toutes les autres maladies réunies. Parce qu'il n'y a rien de plus tragique qu'une vie qui n'est pas à la hauteur des rêves de celui qui la vit. »

« Je vois », dis-je lentement en assimilant ses mots. « Alors, comment peut-on éviter la maladie du syndrome du *Comment*? »

« C'est ici que les *Qui* prennent leur sens. Au lieu de se demander "comment puis-je me rendre là où je veux?", la personne se demande "qui s'est déjà rendu là où je veux aller?". Puis, elle comprend comment ce *Qui* s'y est pris, et elle fait pareil.

» Voyez-vous, sauf pour des cas très rares, quelqu'un, quelque part, à un moment donné de l'histoire du monde, a fait, vu ou vécu ce que vous avez déterminé comme étant vos Cinq Grands Rêves de vie. Si vous reproduisez leurs actions, vous n'aurez pas à escalader les montagnes, vous les survolerez. »

« Qu'arrive-t-il si vous n'aimez pas la façon qu'ils ont utilisée? » lui demandai-je.

« Vous trouverez un autre *Qui*. »

« Et si l'un de vos rêves n'a jamais été réalisé par quelqu'un auparavant? »

« Alors, trouvez un *Qui* ayant vécu quelque chose de similaire à votre rêve et sélectionnez certaines de ses actions qui s'appliquent à vous. »

« Là où je vis, nous avons un proverbe : "N'essaie pas de refaire la roue!" ai-je dit. Celui qui a écrit cela devait bien connaître le concept du *Qui*. »

J'ai regardé Arika. « Qui est votre *Qui*? »

Elle sourit. « J'en ai plusieurs. Ma Ma Gombé en est une très importante. Ma sœur est mon aînée de sept ans et, pour plusieurs points, elle est un *Qui*. Peut-être en êtes-vous un vous aussi, Jack? » dit-elle en souriant de nouveau.

CHAPITRE 14

Au cours des quatre jours suivants, Arika et moi avons eu plusieurs conversations. Nous avons découvert que j'étais un *Qui* pour elle concernant certaines choses et qu'elle en était un pour moi quant à mon but de connaître l'Afrique.

Elle avait étudié pour être naturaliste, une passion alimentée par Ma Ma Gombé. Durant nos marches quotidiennes, elle m'a aidé à comprendre comment tout, en Afrique, et réellement tout, dans l'Univers, est interrelié.

Comme je n'avais identifié qu'un seul de mes Grands Rêves de vie, il était impossible pour Arika de m'aider avec les autres. Nous en avons parlé un soir.

« De la même façon qu'il existe une énergie qui circule constamment à travers nous, les arbres, les montagnes et les animaux, je crois que nos *Qui* sont toujours présents », a-t-elle expliqué.

» Les livres de philosophie racontent que lorsque l'élève est prêt, le maître se présente. Mais ce n'est pas tout à fait cela. Le maître est toujours présent, mais tout dépend si l'élève sait le type d'enseignant dont il a besoin. Ma Ma Gombé m'a raconté une histoire lorsque j'étais une enfant et je ne l'ai jamais oubliée.

» "Imagine, avait-elle dit, si personne n'avait dit aux lionnes qu'elles étaient des prédatrices. Il y aurait des pistes sur le sol, mais elles ne les verraient pas. Le vent soufflerait des odeurs à leur museau, mais elles ne les remarqueraient pas. Le bruit des hordes d'animaux briserait le silence, mais elles ne l'écouteraient pas."

» Nos *Qui* peuvent être tout autour de nous, mais nous devons identifier nos Cinq Grands Rêves de vie avant de prendre conscience que les *Qui* sont là. »

CHAPITRE 15

inq jours après notre arrivée, Ma Ma Gombé et moi quittions le village. Durant notre séjour, Ma Ma Gombé s'était fait un devoir de passer du temps avec chaque enfant individuellement et avec Arika. Ce n'est que plus tard que je compris pourquoi Ma Ma Gombé avait agi ainsi.

Ma Ma Gombé avait passé plus de temps avec une jeune fille en particulier. Chaque fois qu'Arika et moi faisions une balade, Ma Ma Gombé allait la visiter. Lors de notre départ, la jeune fille étreignit longuement Ma Ma Gombé. Leurs larmes incessantes qui coulaient sur leurs joues témoignaient du lien qu'elles avaient établi.

Lorsque le village fut loin derrière nous, Ma Ma Gombé m'expliqua que la jeune fille avait été mariée très jeune à un homme qui maintenant la battait presque chaque jour.

« Auparavant, elle avait une telle passion pour la vie, ajouta-t-elle. Mais, maintenant, elle souhaiterait en avoir fini avec la vie. »

« Et vous comprenez ce qu'elle vit? » lui demandai-je.

« J'ai vécu ce qu'elle vit », répondit-elle promptement.

Ma Ma Gombé resta silencieuse durant de longues heures par la suite. Nous avons suivi un sentier en montagne au milieu d'arbres et de monticules de granite. Lorsque nous avons atteint l'un des plus petits sommets, Ma Ma Gombé se retourna et contempla la terre qui s'étendait au bas.

« C'est un merveilleux terrain de jeu qui nous fut donné, dit-elle. Parfois, nous avons de la difficulté à nous en souvenir. »

« Que voulez-vous dire? » demandai-je.

« Lorsque j'étais une jeune fille, je savais bien peu de choses sur ce monde. Mes parents étaient très pauvres, et même si j'étais intelligente, je reçus peu d'instruction. Je suis tombée amoureuse d'un homme d'un village voisin. Je ne savais presque rien de lui, mais je l'aimais et je croyais que l'amour suffirait.

» Il s'avéra être l'un de mes plus grands enseignants », dit-elle.

« De quelle façon? »

« Quelques semaines après notre mariage, il commença à me rabaisser. Il m'humiliait devant les autres et me traitait de stupide parce que je savais peu de choses. Plus tard, je compris qu'il n'en savait pas plus que moi. Mais, à l'époque, je ne le réalisais pas. Plus je quémandais son amour, plus il me tyrannisait.

» Puis, il a commencé à me battre. J'avais peur. J'avais honte. Nous vivions dans son village où je ne connaissais pratiquement personne. Et ceux que je connaissais ne firent rien pour m'aider. Eux aussi furent pour moi de grands enseignants.

» Alors que j'étais enceinte de quatre mois de mon premier enfant, il me frappa si violemment que je perdis mon bébé. Jusque-là, j'étais devenue de plus en plus insouciante de ma situation. Mais cet incident était plus que ce que je pouvais accepter. Ma mère n'était pas instruite elle non plus, mais elle avait toujours été un parent aimant. J'avais rêvé moi aussi d'avoir la chance d'être une mère aussi aimante, de tenir mon enfant dans mes bras, de le bercer pour l'endormir et de lui apprendre la vie. Mais cet homme avait brisé mon rêve.

» Il y avait toujours une période entre les scènes de violence au cours de laquelle il me laissait récupérer. Dans le passé, j'interprétais ces intermèdes comme des signes de changements positifs chez lui. Je croyais chaque fois que tout allait s'arranger, qu'il m'aimerait finalement. Mais, cette fois, je ne fus pas aussi sotte. J'ai simulé que mes blessures n'étaient pas encore guéries afin d'être certaine d'en être entièrement rétablie.

» Puis, un matin, alors qu'il était à la chasse, je m'enfuis. Et, ce matin-là, j'ai recommencé ma vie. »

« Je suis désolé, Ma Ma Gombé », ai-je dit tout bas, ne sachant pas quoi dire d'autre.

« Est-ce que vous le détestez encore? » ai-je ajouté.

« Non », répondit-elle en secouant la tête. « J'ai beaucoup appris sur la vie grâce à lui. »

Elle a ouvert très grands les bras en regardant la vallée qui s'étendait à nos pieds et le lac miroitant au creux des basses collines. « Et j'ai appris en bonne partie comment tout cela fonctionne. Je crois que nous avons existé avant de naître, jeune Jack. Et je crois que nous existerons après notre mort. Est-ce que tu crois en cela? »

« Oui, j'y crois, lui ai-je répondu. Même si j'ignore pourquoi j'y crois. »

« Lorsque tu crois que tu as existé avant de naître et que tu existeras après ta mort, une intéressante question se pose alors, dit Ma Ma Gombé. Et cette question, c'est "pourquoi sommes-nous ici puisque nous venons de quelque part et que nous nous dirigeons vers quelque part d'autre, pourquoi donc visitons-nous ce magnifique endroit?" »

« Je crois que c'est parce que cet endroit est en quelque sorte une école, dit-elle. Avant d'y venir, nous choisissons certaines choses que nous voulons apprendre pendant notre séjour sur terre, certains défis que nous voulons relever durant notre vie.

» Je compare cela aux grands panneaux près des quais sur lesquels on annonce les départs des navires et leurs destinations. Au lieu de choisir des navires, nous choisissons des défis. Je vais prendre la peur de l'échec, s'il vous plaît », dit-elle en pointant vers le ciel comme si elle choisissait ses défis sur un tableau géant. « Et j'ajouterais aussi le manque de confiance propre, et peut-être aussi une personne oppressive dans ma vie...

» Nous sélectionnons nos défis de façon à ce que notre expérience sur le terrain de jeu terrestre nous soit profitable le plus possible, continua-t-elle. Imagine-toi essayant de "botter" un ballon dans un but abandonné par le gardien ou les joueurs défensifs. Au début, ce serait amusant, mais ça deviendrait rapidement ennuyeux. Non, jeune Jack, l'excitation et le plaisir surviennent lorsque tu as appris à déjouer le joueur défensif et à "botter" le ballon derrière le gardien de but. »

Ma Ma Gombé fit une pause, le regard perdu vers l'horizon. Puis, elle reprit : « Lorsque nous avons réussi à relever les défis que nous avons choisis, alors nous avons vraiment appris quelque chose. Nous avons vraiment accompli quelque chose.

» Et nous ne savons pas précisément de quelle façon ces défis se manifesteront dans notre vie, dit-elle. Tout ce que nous savons, c'est que nous aurons à les affronter durant le temps où nous serons sur le terrain de jeu terrestre.

» Mais, en naissant, nous oublions ce que nous avons choisi. Nous oublions aussi que nous venons de quelque part et que nous nous dirigeons vers un ailleurs quelconque. Nous voyons seulement la joute et les joueurs défensifs, et nous aimerions que ce soit plus facile.

» Et, d'une façon presque continuelle, l'Univers essaie de nous rappeler ces défis que nous avons choisis. L'Univers essaie de nous inspirer la force de gagner la joute, de nous élever au-dessus du niveau de jeu des joueurs défensifs. Au début, les rappels sont en douceur et presque sans douleur. Mais, si nous n'en tenons pas compte, l'Univers augmente l'intensité des rappels. Ce qui était au début une petite tape sur l'épaule se change en tonnerre et en éclairs, puis en orage de rappels jusqu'à ce que nous nous souvenions ou mourions.

» Pour ceux qui parviennent à se souvenir de leurs défis et à les dépasser – ce qui est toujours possible, sinon nous ne les aurions jamais choisis –, alors le ciel s'éclaircit et le monde ressemble à cela », dit-elle en désignant le paysage devant nous.

« Nous voyons ce terrain de jeu comme le paradis qu'il est vraiment », dit-elle avant de faire une pause.

« Lorsque mon mari me battait à un point tel que j'en perdis mon enfant, reprit-elle, j'étais au cœur de l'orage. C'était aussi mon appel à me souvenir d'où je venais, pourquoi j'étais ici et vers où je me dirigeais.

» Nous choisissons nos défis, jeune Jack. J'ai essayé de rappeler à cette jeune fille qu'elle avait choisi les siens, avant que l'Univers le lui rappelle de la façon qu'il l'a fait pour moi. »

J'ai regardé Ma Ma Gombé. « Comment pouvez-vous ne pas le haïr après tout ce qu'il vous a fait? Je ne l'ai jamais rencontré, mais je le déteste déjà. Et je déteste aussi l'homme qui fait subir le même sort à la jeune fille. »

« L'un de mes Cinq Grands Rêves était de rencontrer des gens venant de partout dans le monde, reprit-elle. J'en ai rêvé depuis que j'avais lu un livre dans mon enfance. Il racontait l'histoire d'enfants de pays très différents du mien. Cela m'avait fascinée.

» J'ai mis ce rêve en veilleuse lorsque mon mari commença à me battre. Mais lorsque j'ai quitté le village, ce matin-là, j'ai pris la décision de faire de ce rêve une réalité. Je n'avais aucune idée de la façon dont j'allais y parvenir, mais je savais que je le désirais.

» Après trois jours de marche, je suis arrivée à un campement de voyageurs. Leur cuisinier les avait abandonnés en apportant une bonne partie de leurs victuailles. Leur guide me demanda si je pouvais les aider. Durant l'après-midi, je suis allée cueillir des racines et des herbes avec lesquelles j'ai apprêté le gibier que le guide avait tué auparavant. Je leur ai cuisiné un bon repas. Et j'étais dès lors en route vers la réalisation de mon rêve.

» L'une des femmes du groupe était une auteure dramatique. Ce que j'ai appris d'elle m'a permis de me libérer de la haine envers mon mari.

» Je n'avais jamais entendu parler d'un rôle auparavant. Cette femme m'expliqua que jouer un rôle était faire semblant de vivre quelque chose ou d'être quelqu'un d'autre. Les acteurs jouent de façon à ce que les spectateurs vivent une expérience particulière. Chaque acteur a des rôles à jouer, des répliques à dire et des gestes à faire pour rendre son personnage crédible.

» Une nuit, alors que je contemplais les étoiles, tout devint subitement clair en moi. J'étais venue sur terre pour faire l'expérience de la vie. Je m'étais ajouté certaines difficultés en choisissant des défis particuliers à relever. Mais, en choisissant ces défis, quelqu'un devait forcément tenir le rôle du joueur défensif. Quelqu'un devait dire certaines répliques et agir de certaines façons afin de rendre les défis crédibles.

» Et j'ai eu la vision que, à ma mort, non seulement je retrouverais mes amis et ceux qui m'ont aidée au cours de ma vie, mais que je prendrais conscience également que tous ceux qui ont fait partie de mes plus grands défis n'étaient en fait que des acteurs dans ma pièce dramatique.

» Et qu'entre les lignes de leurs répliques, ils murmuraient : "Libère-toi, Gombé. N'écoute pas ce que je dis. Ce ne sont que les répliques d'un rôle. Romps tes amarres." J'ai compris qu'à ma mort, je retrouverai aussi toutes ces personnes et qu'elles seront celles qui applaudiront le plus fort. Car ces personnes étaient celles qui espéraient le plus me voir prendre conscience de leurs costumes et de leurs rôles.

» Leur plus grand désir était que je réussisse à me libérer d'elles et à réaliser mes Cinq Grands Rêves de vie. Voilà pourquoi je ne le déteste pas, jeune Jack. Je vois ce qu'il a été et le rôle qu'il a joué dans ma vie. »

Je suis resté silencieux quelques minutes. « Êtes-vous en train de dire que ce qu'il vous a fait était correct? »

« Jeune Jack, il y a une différence entre savoir que les gens sont des acteurs dans notre vie et les laisser continuer à jouer leur rôle. Lorsque tu comprends que c'est une pièce dramatique, tu saisis aussi que tu en es le metteur en scène. Pour moi, il ne s'agit pas d'avoir été correct ou non. Il s'agit de prendre le pouvoir de choisir ce que sera ma pièce et qui en seront les acteurs. »

CHAPITRE 16

Un matin d'aurore sombre où la brume était si dense que j'arrivais difficilement à voir six mètres devant, Ma Ma Gombé m'annonça que j'étais sur le point de voir mon premier rhinocéros.

« Je ne crois pas que nous puissions voir quoi que ce soit, Ma Ma Gombé. Le brouillard est si épais que je vous vois à peine même si vous n'êtes qu'à quelques pas de moi. »

« La brume se dissipera lorsque le soleil montera dans le ciel, rétorqua Ma Ma Gombé. Pour l'instant, accélérons. Nous devons nous rendre là où ils sont tandis que la brume est toujours présente. »

Ma Ma Gombé me guida jusqu'au pied de la colline sur laquelle nous avions dormi la nuit précédente. Nous avons marché dans un paysage de fin du monde. Peu importe où je regardais, je ne voyais que de vagues formes d'arbres, de rochers et de choses que je n'arrivais pas à reconnaître. Je n'avais aucune idée de l'endroit où nous allions. Je m'assurais de ne jamais laisser Ma Ma Gombé me distancer. La pensée de me retrouver seul au milieu de la brume ne me rassurait pas.

Au bout d'une heure de marche, Ma Ma Gombé recommanda d'être le plus silencieux possible et de ne pas parler.

Le brouillard était toujours aussi dense, mais malgré une visibilité très réduite, je pouvais deviner que nous marchions parmi de petits arbres rugueux d'environ deux mètres de hauteur. Ils avaient de toutes petites feuilles et des branches qui poussaient dans toutes les directions.

Il était difficile de ne pas marcher sur les branches mortes qui jonchaient le sentier. Chaque fois que j'en piétinais une accidentellement, le bruit sec qui en résultait me valait un regard soucieux de Ma Ma Gombé.

Soudainement, comme sorti de nulle part, apparut devant nous un petit monticule, à peine haut de deux mètres. C'était un gros rocher qui s'était détaché de la paroi rocheuse derrière. Ma Ma Gombé grimpa sur le rocher et s'assit.

Je la suivis, et alors que je m'installais auprès d'elle, elle me murmura à l'oreille : « Apprécie chaque instant de cette matinée, jeune Jack. Le monde est sur le point de se dévoiler à toi. »

Et elle avait raison. Alors que le soleil montait dans le ciel, le paysage devant moi changeait de seconde en seconde.

Au début, la nature se devinait à travers la brume. Puis, chaque branche des arbres et chaque brindille des hautes herbes s'illuminèrent tandis que la rosée déposée par la brume réfléchissait les rayons de lumière qui traversait l'épais brouillard.

Et les sons! Le silence complet du petit matin brumeux s'évanouit en laissant la place aux battements d'ailes et aux chants des oiseaux qui s'envolaient de leurs nids et survolaient les falaises escarpées. Je pouvais entendre le bourdonnement des insectes s'intensifier et le bruit sec des branches piétinées par les animaux qui commençaient à grouiller dans les buissons qui nous entouraient.

Et ce ciel! À mesure que la brume se dissipait, les nuages blancs vaporeux qui s'étiraient à l'horizon se coloraient de gris, de rose puis d'orange brillant alors que le soleil commençait son ascension dans le ciel et que le monde prenait vie.

À ce moment précis, j'eus le sentiment d'être en présence de Dieu. J'eus l'impression que c'était exactement ainsi que notre monde avait été créé. C'était plus que merveilleux, c'était stupéfiant.

Ma Ma Gombé toucha mon épaule et me désigna une direction. À moins de dix mètres, un arbre imposant et solitaire se dressait parmi les arbustes rugueux. Le brouillard était si dense à notre arrivée que je ne l'avais pas vu. Sur une grande branche élevée, un léopard se dressa sur ses pattes, arqua son dos et s'étira en plantant solidement ses griffes dans la branche de l'arbre.

Puis, comme un habile marcheur sur un fil de fer, il se retourna sur la branche, atteignit le tronc et descendit jusqu'au sol, tête première.

Mon corps se tendit, et j'ai regardé Ma Ma Gombé. Elle balança lentement la tête de l'avant vers l'arrière pour me rassurer. Le léopard marcha jusqu'à un trou d'eau au pied de la colline. Je l'ai observé alors qu'il lapait l'eau avec sa langue. Il s'étira de nouveau, levant une à une les pattes de derrière haut dans les airs et en pointant sa tête vers l'avant. Il disparut ensuite dans les hautes herbes.

Je l'ai regardé s'éloigner quelques instants jusqu'à ce que Ma Ma Gombé me touche l'épaule de nouveau. J'ai détourné mon regard vers l'endroit où Ma Ma Gombé regardait. À moins de quinze mètres de nous, quatre rhinocéros adultes broutaient. Ma Ma Gombé porta lentement sa main à mon oreille et murmura : « Si tu dois bouger, fais de très petits gestes lentement. Les rhinocéros ont une très mauvaise vue, mais ils vont charger si des mouvements ou des sons les surprennent ou s'ils deviennent en colère. »

Ces bêtes faisaient plus de deux mètres de haut et devaient bien avoir quatre mètres de long. Leurs cornes ressemblaient à des épines géantes de plus d'un mètre sorties de leur museau.

« Quelles étonnantes créatures! » me suis-je dit.

Leur peau grisâtre ressemblait aux pièces amovibles d'une armure. Leur présence inspirait une profonde curiosité. Voir ces animaux massifs et musclés brouter des feuilles et des herbes me paraissait être un étonnant paradoxe.

S'il y avait un animal conçu pour intimider un prédateur qui songerait à attaquer, c'était le rhinocéros.

Nous avons observé les rhinocéros toute la matinée.
Lorsque la brume fut complètement dissipée, je pus remarquer que nous étions assis sur une plateforme rocheuse au
pied d'une falaise. Le petit étang tout près était alimenté
par l'eau de pluie qui descendait en cascade de la falaise.
C'était l'endroit idéal pour observer les animaux.

En plus des rhinocéros et du léopard, nous avons vu plusieurs autres espèces ce matin-là, entre autres des guibs har-
nachés, des élands, des koudous et des gazelles de Thompson.
Une famille de phacochères s'est aventurée jusqu'à notre site
d'observation, puis a déguerpi en nous apercevant.

Comme nous allions partir, un éléphant femelle sortit
d'entre les arbres devant nous. Elle était suivie de son petit.

Tout était parfait. J'avais rêvé si longtemps de voir ces
animaux en imaginant ces scènes. Ce que je n'avais pu imaginer était l'énergie et les sensations physiques qui accom-
pagneraient l'expérience.

Je ressentais la douce brise du matin sur mes bras, la
chaleur du soleil sur mon visage, le tremblement du sol
lorsque les rhinocéros devenaient agités et qu'ils piéti-
naient la terre.

L'imaginer était une chose, mais le vivre surpassait tout
ce que j'avais imaginé. Je vivais l'un de mes Cinq Grands
Rêves de vie.

CHAPITRE 17

« Tu es bien silencieux ce matin, jeune Jack », me dit Ma Ma Gombé quelques jours après l'épisode des rhinocéros.

« Je suis songeur, lui dis-je. J'essaie d'imaginer ce que vais faire lorsque je reviendrai à la réalité. J'ai aimé les mois passés ici plus que tout le reste de ma vie. Je ne sais pas comment je pourrai retourner à cette vie. »

Nous marchions dans une gorge entre les palmiers et d'épais buissons. Ma Ma Gombé se retourna vers moi. « Jeune Jack, place tes mains autour de cet arbre. »

J'ai regardé l'arbre vers lequel elle se dirigeait. C'était une sorte de palmier que je n'avais jamais vu avant de venir en Afrique. Le tronc tout entier était couvert d'épines de dix centimètres.

Ma Ma Gombé remarqua mon hésitation. « Mets tes mains autour de ce palmier, jeune Jack. Ou encore mieux, à bien y penser, étreins cet arbre. Étreins-le aussi fort que tu le peux. »

J'ai étendu ma main et j'ai tâté les épines. Elles étaient solides.

« Ma Ma Gombé, je ne peux pas étreindre cet arbre. Il doit y avoir un millier d'épines sur son tronc. Si je l'étreins, tout mon corps sera transpercé. »

« Impossible », dit-elle en m'incitant de nouveau à étreindre l'arbre.

J'ai inspecté l'arbre. Toutes les épines étaient solides et pointues.

« Ma Ma Gombé, l'arbre est complètement recouvert d'épines. Je ne peux pas l'étreindre. »

« Tu viens juste de me dire que tu réfléchissais à ce que tu ferais à ton retour à la réalité, reprit Ma Ma Gombé. Si ceci n'est pas la réalité, alors tu devrais être capable d'étreindre cet arbre. Si ce n'est pas la réalité, alors aucune épine ne peut te transpercer. »

Je l'ai regardée, confus.

« Sois très prudent, jeune Jack. Nos mots peuvent dicter à notre esprit ce qu'il doit croire. Et si nous répétons les mêmes mots suffisamment longtemps, même notre âme commence à ressentir qu'ils sont réels.

» Ces arbres ne sont-ils par réels? demanda-t-elle. Les rhinocéros et le léopard que nous avons vus il y a quelques jours étaient-ils réels? Suis-je réelle?

» Lorsque tu dis que quelque chose est la réalité et qu'une autre ne l'est pas, tu envoies le message à ton âme que tu ne peux pas avoir cette autre chose, que tu ne la mérites pas.

» Trop de gens croient que ce à quoi ils passent leur vie est plus réel que ce à quoi ils rêvent. »

« Mais tout ce qui est ici n'est pas ma réalité, Ma Ma Gombé », protestai-je.

« Veux-tu que je te demande à nouveau d'étreindre l'arbre? » me demanda-t-elle sans hésiter.

« Non », ai-je répondu.

« Ce qui est ici est ta réalité, jeune Jack. Ici et maintenant, tout est réel. C'est ta réalité. Si tu ne devais jamais retourner à ton style de vie d'auparavant, est-ce que cette vie existerait quand même? »

« Oui, répondis-je. Pas pour moi, mais pour quiconque vivant de cette façon. »

« Et la vie que tu vivrais ici, serait-elle aussi réelle que celle qui se vivrait en même temps, là-bas, par d'autres personnes? »

« Oui. »

Ma Ma Gombé éclata de rire.

« Qu'y a-t-il? » lui ai-je demandé.

« Pendant que tu affirmes que ce que tu vis ici ne peut être réel parce que ce n'est pas ta réalité, il y a probablement une vieille femme quelque part, là où tu vivais auparavant, qui a exactement la même discussion avec un jeune Africain.

» Mais, lui, il proclame que ce que tu appelles ta réalité ne peut être sa réalité parce que ce qu'il vit chez lui est réel. Alors que toi, en Afrique avec moi, tu affirmes que ce tu vis ici – donc l'ancienne réalité du jeune Africain – n'est pas la réalité. »

Elle secoua la tête, amusée.

« Jeune Jack, la façon dont nous vivons, la façon dont nous menons notre existence, notre environnement, ce que nous faisons chaque jour, tout cela est ce que nous choisissons comme réalité. Tout peut contribuer à être notre réalité dès que nous ouvrons notre esprit et que nous prenons conscience que cette option est aussi réelle et valable que toute autre. »

CHAPITRE 18

En plus des animaux, les gens que Ma Ma Gombé me faisaient rencontrer contribuaient à rendre mon expérience africaine fascinante.

Un après-midi, alors que nous nous reposions à l'ombre d'un grand arbre, un gardien de chèvres apparut au loin dans les hautes herbes de la vallée où nous nous trouvions. Alors qu'il s'approchait de nous, j'ai noté que c'était un homme âgé, mais sans doute pas aussi vieux que Ma Ma Gombé.

Il vint sous l'arbre où nous étions assis tandis que ses chèvres broutaient l'herbe tout autour.

« Ma Ma Gombé, je vois que tu as un nouvel aventurier avec toi », dit l'homme.

« Oui, répondit-elle. Voici Jack. Il est ici pour vivre l'un de ses Cinq Grands Rêves de vie. »

« Ah, tu es tellement chanceuse, lui dit-il. Tu parcours le pays, tu rencontres de nouvelles personnes. Je souhaiterais que ma vie ressemble à la tienne, Ma Ma Gombé. Je m'inquiète toujours des lions qui pourraient capturer une de mes chèvres ou de la possibilité que quelques-unes de mes bêtes s'égarent. Et je n'ai personne à qui parler. »

Je me suis présenté à l'homme et je n'ai pu m'empêcher de commenter : « Si garder les chèvres ne vous plaît pas, pourquoi ne faites-vous pas autre chose? »

« Je me nomme Epelpo », dit-il d'abord. Puis, il répondit à mon commentaire. « Et qu'est-ce que je pourrais faire d'autre? Je suis un gardien de chèvres. »

« Est-ce l'un de vos Cinq Grands Rêves de vie », lui ai-je demandé.

« Ah, c'est un digne représentant de tes aventuriers, Ma Ma Gombé », dit l'homme en éclatant de rire. « Un autre qui parle des Cinq Grands Rêves de vie. »

Il se déplaça en face de moi.

« Je ne sais même pas quels sont mes Cinq Grands Rêves. Et, même si je les connaissais, comment pourrais-je les réaliser? Je dois m'occuper de mes chèvres. »

« Vous pourriez peut-être les vendre », lui ai-je proposé.

« Vendre mes chèvres? J'ai travaillé toute ma vie pour avoir un tel troupeau. De plus, c'est la seule chose que je sais faire correctement. »

« Vous pourriez apprendre à faire autre chose, ai-je ajouté. Combien de temps vous a-t-il fallu pour apprendre à garder les chèvres? »

« On en apprend sans cesse sur les chèvres, répondit-il. Il y a toujours quelque chose de plus à faire. Si seulement j'étais libre comme vous et Ma Ma Gombé, peut-être pourrais-je alors trouver du temps pour réfléchir à mes Cinq Grands Rêves de vie. Pour vous, c'est facile, mais ça ne l'est pas autant pour moi. Chaque année, mon troupeau grossit. »

La conversation se poursuivit dans le même sens durant quelques minutes. Ma Ma Gombé ne disait rien et, finalement, j'ai moi aussi cessé de parler. Peu après, Epelpo se remit debout.

« Je dois poursuivre mon chemin, dit-il. Il y a beaucoup à faire. J'aimerais pouvoir m'asseoir ici et admirer le paysage tout en pensant à mes Cinq Grands Rêves de vie comme vous deux, mais quelqu'un doit prendre soin des chèvres. »

Lorsqu'il fut parti, j'ai mentionné à Ma Ma Gombé qu'elle avait été remarquablement silencieuse durant cette conversation.

Elle sourit.

« J'ai pensé que tu devais faire l'expérience d'une rencontre avec Epelpo par toi-même. »

« Il pourrait faire tant de choses, dis-je. Pourquoi ne vend-il pas la moitié de son troupeau et ainsi il diminuerait de moitié sa charge de travail? Ou encore il pourrait engager une personne pour prendre soin des chèvres à l'occasion. Il est si concentré sur sa vie malheureuse qu'il ne voit pas les options possibles.

» Il dit qu'il pensera à ses Cinq Grands Rêves lorsqu'il aura plus de liberté ou qu'il sera plus heureux. Il ne réalise pas que s'il accomplissait ses Cinq Grands Rêves de vie, il aurait alors plus de liberté et il serait alors plus heureux. Ce qu'il devrait faire, c'est... »

« Non, jeune Jack, interrompit Ma Ma Gombé. Sois prudent avec les mots que tu prononces. Si on ne veut pas se faire dire ce que l'on devrait faire de sa vie, on ne doit pas agir de la sorte envers les autres. C'est la vie d'Epelpo. Et les défis que tu notes sont les siens. »

« Mais il semble y avoir tellement d'options qu'il pourrait considérer », insistai-je.

« Bien sûr qu'il y en a. Mais il est celui qui doit décider de les considérer, et non toi ou moi. Si la conversation s'était prolongée, Epelpo t'aurait dit qu'il fait tout cela pour sa famille. Il m'a souvent répété que sa femme et ses enfants dépendent de lui et que c'est pourquoi il ne peut pas changer sa situation.

» Au début, Epelpo avait cinq chèvres. Avec le temps, son troupeau augmenta à vingt chèvres jusqu'à devenir le troupeau imposant que tu as vu. Mais, depuis toujours, il pense que ce n'est pas suffisant. »

« Combien d'enfants a-t-il? » lui demandai-je.

« Cinq, répondit-elle. Ils ne connaissent pas beaucoup leur père. Il a passé la majeure partie de sa vie à chercher de meilleurs pâturages pour que ses chèvres soient en santé et qu'elles aient une bonne progéniture. Il pouvait ainsi avoir beaucoup de chèvres pour subvenir aux besoins de sa famille. Mais ses enfants seront bientôt des adultes. Ils ont peu de liens avec leur père et peu de souvenirs de lui, sauf de le voir arriver et repartir. Mais la famille a plusieurs chèvres. C'est le choix d'Epelpo. »

CHAPITRE 19

oujours assis sous l'arbre, je repensais aux commentaires d'Epelpo.

« Avez-vous eu d'autres enfants, Ma Ma Gombé, après avoir quitté votre mari qui vous battait? »

« Oui, répondit-elle. J'ai eu deux autres enfants, un garçon et une fille. »

« Où sont-ils maintenant? » lui demandai-je.

Elle prit quelques instants pour regarder l'horizon au loin. « L'Afrique les a repris », répondit-elle finalement.

« Oh, je suis désolé. »

« Tu n'as pas à être désolé, jeune Jack. Tu n'as rien à voir avec leur départ. Et, en plus, ils ont connu des vies extraordinaires. Chacun a réalisé ses Cinq Grands Rêves de vie. Ils ont vécu ce que la plupart des gens rêveraient de vivre. »

« Est-ce que ce fut difficile de les laisser partir? » ai-je demandé encore.

« C'est toujours difficile de voir partir nos enfants. Lorsqu'ils sont en vie, nous cherchons à les protéger des dangers. Lorsqu'ils quittent ce monde, nous savons qu'ils ont simplement complété une partie de leur long voyage,

mais ils nous manquent quand même. C'est toujours difficile de les laisser partir.

» Mais chaque être arrive sur terre avec ses propres défis
à relever. Essayer de le protéger des défis qu'il a choisis ne
ferait que les rendre encore plus difficiles, et les rappels,
encore plus sévères.

» Lorsque j'étais cuisinière pour un guide, j'ai vécu
quelque chose qui a marqué pour toujours ma façon de
voir les enfants. Lors d'une des expéditions de ce guide, il y
avait un homme et une femme venant d'un autre pays. Au
cours des soirées, nous discutions de la vie dans leur pays.
À cette époque, je n'avais pas d'enfants.

» Un soir, la femme me confia que la raison pour laquelle ils participaient à une excursion en Afrique était
que son mari avait fait une profonde dépression. Lorsque
je lui demandai pourquoi, elle m'expliqua que leur seul fils
avait quitté la maison à dix-neuf ans pour s'enrôler dans
l'armée. Il a été tué peu après lors d'une mission dans un
pays lointain.

» Son mari était devenu de plus en plus morose après
cela. Les docteurs avaient finalement proposé ce voyage
comme une possible solution à cette dépression.

» J'ai alors demandé à la femme si son fils et son mari
avaient été proches l'un de l'autre. "Non", m'avait-elle répondu. "Je crois que c'est une des causes de sa dépression.

Mon mari travaillait très fort pour s'assurer que notre fils puisse fréquenter le meilleur collège. Il travaillait six jours par semaine, parfois sept, et durant de longues heures. Il n'aimait pas son travail, mais il voulait que notre fils fréquente la meilleure école. Mais ça n'a pas fonctionné comme il l'envisageait. Lorsque ce fut le temps d'entrer au collège, notre fils ne démontra aucun intérêt. Lui et mon mari se disputaient continuellement à ce sujet. Finalement, un jour, notre fils rentra à la maison et nous annonça qu'il avait rejoint l'armée. Cinq mois plus tard, il était mort. Nous n'avons jamais pu comprendre pourquoi il était devenu militaire."

"Pourquoi votre mari tenait-il à ce que votre fils fréquente le meilleur collège?" lui ai-je alors demandé.

"Pour obtenir un jour ou l'autre un bon emploi", m'a-t-elle dit.

"Est-ce que votre mari avait étudié à une bonne école lorsqu'il était jeune?"

"Oui."

"Et, ensuite, il a obtenu l'emploi dans lequel il travaillait si fort?"

"Non, pas au début, mais comme notre fils vieillissait, il a senti le besoin d'accepter cet emploi pour gagner suffisamment d'argent pour lui payer des études dans le meilleur collège."

"Et il n'aimait pas cet emploi?"

"Pas du tout! Ce n'était pas le genre de boulot que mon mari affectionnait. Et les heures de travail étaient très longues. Il a fait tout cela pour notre fils. Lorsque celui-ci finit par rejoindre l'armée, mon mari en fut profondément blessé. À la mort de notre fils, mon mari sombra dans une profonde dépression."

"Est-ce que votre fils savait que son père voulait qu'il fréquente le meilleur collège afin d'obtenir un bon emploi par la suite?"

"Oui." »

Ma Ma Gombé m'a regardé dans les yeux.

« Ce fut une soirée très difficile pour moi, jeune Jack. Parfois, nous sommes si près des choses que nous ne pouvons les voir telles qu'elles sont. Dans ce cas-là, je pouvais voir ce qu'eux ne voyaient pas. Imagine combien ça pouvait être pénible pour leur fils.

» Il aurait sans doute fait n'importe quoi pour éviter d'aller à ce collège parce qu'accepter d'y aller aurait été l'équivalent d'accepter la responsabilité du malheur de son père.

» Ce jeune homme aurait alors accepté la culpabilité rattachée au fait d'être celui pour qui son père échangeait sa vie, son argent; la raison pour laquelle son père se crevait à un boulot qu'il n'aimait pas. Personne ne voudrait endosser une telle culpabilité pour quelque chose jamais demandé.

» Il a sans doute compris aussi que *bonne école* menant à *bon emploi* signifiait pour lui une vie semblable à celle de son père. Ce n'était pas vraiment un avenir idéal.

» Je crois que ce couple ainsi que leur fils que je n'ai jamais rencontré étaient des acteurs dans la pièce de ma vie, jeune Jack. J'ai beaucoup appris de leur histoire. À travers les mots et les gestes des parents, un enfant comprend rapidement qu'on lui impose la règle du *fais ce que je dis, pas ce que je fais.*

» Cela n'a pas beaucoup de sens pour un enfant, surtout quand il n'y a pas de modèle à suivre pour faire autre chose. J'ai su ce soir-là que si je devais avoir des enfants un jour, je voudrais que leur vie soit un succès selon leur propre définition de la réussite.

» Je voudrais qu'ils réalisent leurs Cinq Grands Rêves de vie, peu importe ce que ces rêves pouvaient être. Et je savais à ce moment que cela signifiait que je devais leur démontrer que moi aussi, de mon côté, je réalisais mes grands rêves. »

« Y êtes-vous parvenue? » ai-je demandé.

« Oui, dit-elle sans hésiter. Chaque fois que je sentais que je déviais de ce plan, je repensais à ce couple. Ça m'a toujours rappelé que l'un de mes rôles les plus importants en tant que mère était d'être le modèle d'une personne qui poursuit ses rêves. »

« Et puis? » ai-je insisté.

« Au cours de leur vie, mes enfants ont réalisé leurs Cinq Grands Rêves de vie plus d'une fois, jeune Jack et, ainsi, ils ont participé à la réalisation d'un de mes Cinq Grands Rêves. »

CHAPITRE 20

Le jour suivant, alors que nous marchions, j'ai repensé à Epelpo.

« Je suis triste pour Epelpo », ai-je dit.

« Il mène son propre voyage, jeune Jack. Epelpo ne peut accomplir ce qu'il ignore. Ses *Qui* sont tout autour de lui, mais il ne peut les voir puisqu'il ignore ses Cinq Grands Rêves de vie. Et ceux qui le côtoient ne peuvent l'aider parce qu'ils ne savent pas vraiment ce qu'Epelpo veut faire, voir ou vivre. »

« Peut-être qu'il ne sait tout simplement pas par où commencer » ai-je ajouté.

Ma Ma Gombé rit. « Tu as un cœur rempli de bonté, jeune Jack. Ça te servira bien dans ta vie. Epelpo sait, mais il n'agit pas. »

« Comment en êtes-vous si sûre, Ma Ma Gombé? »

Elle rit de nouveau. « Je connais Epelpo depuis nombre d'années. C'est toujours la même chose avec lui. Il ne croit pas en la puissance de la simplicité, alors il essaie de compliquer les choses. Et lorsqu'elles deviennent trop compliquées, il a peur d'agir. Réaliser tes Cinq Grands Rêves n'est pas difficile, jeune Jack. »

« J'ai failli être tué par des braconniers en essayant d'en réaliser un », ai-je fait remarquer.

« Mais tu n'es pas mort, a-t-elle répliqué. Et même si tu y avais laissé ta vie, tu aurais simplement passé à l'étape suivante, peu importe ce qu'elle est. Depuis que tu as vu les éléphants, préférerais-tu une vie incluant cette expérience, mais qui se serait terminée avec elle, ou une vie plus longue durant laquelle tu n'aurais jamais vécu cette expérience? »

J'ai réfléchi quelques instants. « C'est une grande question, Ma Ma Gombé. »

« Pas vraiment, jeune Jack. Si tu as réellement identifié tes Cinq Grands Rêves de vie, alors la réussite de ton existence dépend de leur réalisation ou non. »

« Alors, je ne choisirais pas une vie plus longue si cela signifiait d'abandonner mes Cinq Grands Rêves », ai-je répondu.

« Moi non plus, dit-elle. On ne sait pas quelle sera la durée de notre pièce. Bien que je n'aie jamais souhaité voir la mienne se terminer rapidement, ça n'a jamais eu de sens à mes yeux d'abandonner les meilleurs moments de ma vie juste pour espérer en rallonger la durée.

» Ce qui nous ramène à ce que je disais. Accomplir tes Grands Rêves de vie n'est pas difficile. La question est de savoir ce qu'ils sont et pourquoi tu tiens à les réaliser. Dès lors où tu connais les réponses, tu trouves tes *Qui* et tu choisis celui dont tu veux suivre la trace. Ainsi, tu fais, tu vois ou tu vis tout ce qui est sur ta liste.

» Ne sous-estime jamais la puissance de la simplicité, jeune Jack. Souviens-toi de ce qu'Archimède disait... »

Je l'ai regardée avec étonnement.

« Ne sois pas si étonné, riposta-t-elle. J'ai beaucoup lu jadis. En parlant de la puissance, Archimède disait : "Donnez-moi un levier suffisamment long et un point d'appui fixe, et je soulèverai la Terre."

» Un levier n'est rien d'autre qu'un bâton, jeune Jack, et un point d'appui fixe n'est rien de plus qu'un rocher. Il n'y a rien de plus simple qu'un bâton et un rocher, mais bien utilisés, ils peuvent être puissants. Cette simple invention a changé le monde.

» Et c'est avec tout autant de simplicité que les Cinq Grands Rêves de vie changent l'existence de chacune des personnes. Ils leur donnent une direction et un but. Ils leur permettent de connaître une vie réussie, peu importe leur définition de la réussite.

» Non, jeune Jack, ce n'est pas qu'Epelpo ne sait pas. Il n'agit pas, tout simplement. »

CHAPITRE 21

« **M**a Ma Gombé, de quelle façon avez-vous enseigné à vos enfants la notion des Cinq Grands Rêves de vie? » lui ai-je demandé.

Elle s'est immobilisée. « Je leur ai montré tout cela », répondit-elle en désignant le majestueux paysage devant nous. « Je leur ai montré le ciel qui semblait infini, je leur ai montré le caractère unique et intrigant de chaque montagne, de chaque arbre, de chaque animal. Voilà notre terrain de jeu. Dès leur naissance, je leur ai répété que ce terrain de jeu était aussi le leur et qu'ils pouvaient faire tout ce qu'ils voulaient.

» Je leur ai appris que le monde était rempli de possibilités. La plupart des gens étouffent leurs rêves parce qu'ils ignorent comment les rendre réels. J'ai enseigné à mes enfants à avancer avec confiance vers leurs rêves. Je leur ai appris à dire au monde entier ce qu'ils essayaient de faire et que cela faisait partie de leurs Cinq Grands Rêves de vie.

» Je leur ai appris que même s'ils ne savaient pas exactement ce qu'ils voulaient, ils devaient tout de même entreprendre leur quête à partir de ce qu'ils croyaient vouloir. Et qu'ainsi leurs *Qui* se pointeraient continuellement pour eux.

» Les *Qui* ne s'avèrent pas tous être de bons *Qui*, mais mes enfants apprirent quelque chose de chacun d'eux, même si parfois ils découvraient simplement qu'ils ne voulaient pas reproduire la façon de faire de cette personne. Parfois, découvrir ce que tu ne veux pas est aussi puissant que de trouver ce que tu veux.

» Mes enfants n'étaient que des gamins lorsqu'ils ont commencé à expérimenter tout cela. Lorsque leurs démarches réussissaient, ils recommençaient encore et encore. Le succès attire le succès, jeune Jack. Ils m'ont aussi vue mettre en pratique ces notions dans ma vie et comment cela nous aidait tous les trois. Ils n'ont jamais appris à ne pas suivre leurs rêves. »

« Ils ont eu beaucoup de chance de vous avoir comme mère », ai-je dit.

« J'ai eu de la chance de les avoir comme enfants, reprit Ma Ma Gombé. Je n'avais jamais imaginé qu'ils me combleraient de joie au-delà de ce que j'espérais. J'ai eu vraiment de la chance de les avoir. »

Ma Ma Gombé m'observa. « Est-ce que tu te demandes comment tu vas trouver tes autres grands rêves, jeune Jack? »

J'ai haussé les épaules. « En quelque sorte. Je ne me tracasse pas trop avec les autres rêves, car celui-ci se déroule très bien, mais j'y pense parfois. Je me demande si mes *Qui* ne seraient pas autour de moi actuellement sans que je les remarque puisque je n'ai pas identifié mes autres grands rêves. »

« Vois cela comme un jeu, jeune Jack. Si tu étais libre de faire tout ce que tu veux dans ta vie, qu'est-ce que ce serait? Si l'argent, le temps, les talents ou toute autre barrière que tu peux imaginer n'existaient pas, quelles seraient les cinq choses que tu ferais, verrais ou vivrais et qui couronneraient ta vie de succès? »

» Et si tu n'y arrives pas de cette façon, essaie la façon opposée. Dans le cas d'Epelpo, s'il avait réfléchi à toutes les choses qu'il fait sans les aimer et s'il s'était demandé pourquoi il ne les aimait pas, peut-être qu'il aurait découvert ce qu'il voulait vraiment faire.

» Peut-être que s'il avait dit qu'il n'aimait pas garder les chèvres et que tu lui avais demandé pourquoi, il aurait répondu qu'il voulait plus de liberté. Et si tu lui avais ensuite demandé ce qu'il ferait avec plus de liberté, il aurait répondu qu'il passerait plus de temps avec sa famille.

» Et si alors tu lui avais demandé pourquoi il aimerait passer plus de temps avec sa famille, il aurait dit qu'elle était sa plus grande joie et qu'il voulait lui offrir quelque chose qui démontre qu'elle est sa plus grande joie.

» Et il aurait peut-être alors compris que le meilleur présent à offrir à sa famille, pour lui témoigner à quel point elle compte pour lui, aurait été d'être lui-même heureux.

Et que le second présent aurait été de passer plus de temps avec sa famille, particulièrement lorsqu'il est heureux.

» Peut-être qu'en découvrant ce qu'il ne voulait pas, il aurait trouvé ce qu'il voulait vraiment. »

CHAPITRE 22

L'été avait pris le relais du printemps. La région où Ma Ma Gombé et moi étions rendus souffrait de la chaleur accablante des jours ensoleillés. Le sol était poussiéreux et sec. Des rainures se formaient dans la terre. Les herbes vertes du printemps avaient séché au soleil et elles étaient maintenant jaunes.

Nous étions descendus des montagnes et nous marchions à travers une longue savane. Je ne pouvais en voir la fin, mais Ma Ma Gombé m'assura que d'autres montagnes s'élevaient de l'autre côté de la savane.

C'est à cet endroit que les lions nous ont trouvés.

Nous marchions depuis plusieurs jours lorsque je remarquai que Ma Ma Gombé semblait soucieuse de tout mouvement dans les environs. Il suffisait que l'herbe bouge d'une façon quelconque pour qu'elle s'immobilise et attende. Ou qu'un oiseau lance un cri derrière nous pour qu'elle se retourne prestement et l'observe quelques instants. Au début, je croyais qu'elle voulait seulement me rappeler ce qu'elle se plaisait à me répéter : « Apprécie chaque pas, jeune Jack, car dans chaque instant, il y a quelque chose à apprendre. »

Effectivement, dans la situation où nous étions, il y avait sans aucun doute quelque chose à apprendre.

Alors que le soleil atteignit son zénith et qu'il plombait directement au-dessus de nous, Ma Ma Gombé m'informa, comme si elle parlait d'un sujet banal, que les lions nous traquaient.

Je me suis immédiatement retourné afin d'observer derrière nous. Mais tout ce que je voyais était des bosquets d'herbes.

« Ils se tiennent à bonne distance, précisa-t-elle. Il est possible qu'ils ne soient que curieux, mais il est aussi possible qu'ils soient affamés. En été, lorsque la région s'assèche, plusieurs animaux se déplacent et il devient difficile pour les lions de trouver des proies. »

« Êtes-vous sûre que nous sommes suivis? » demandai-je.

« Oh, oui! »

« Que vont-ils faire? ai-je encore demandé. Est-ce qu'ils vont nous attaquer? »

« C'est possible, dit-elle. Les lions ont attaqué des hommes par le passé, même s'ils préfèrent les antilopes. »

« Que devons-nous faire? »

« Essayons de ne pas ressembler à des antilopes! »

CHAPITRE 23

n milieu d'après-midi, nous avions atteint un épais fourré d'acacias. Ces arbres sont la démonstration de la perpétuelle bataille pour la survie en nature. Dans ce lieu où le feuillage vert et les branches gorgées d'eau sont très recherchés par une multitude d'animaux, l'acacia a développé des épines géantes sur ses branches afin de dissuader les herbivores de détruire son feuillage.

Ma Ma Gombé ramassa une grosse branche tombée de l'un de ces arbres.

« Les lions s'approchent, dit-elle. Je ne crois plus maintenant qu'ils soient seulement curieux. Trouve autant de branches comme celle-ci que tu le peux et apporte-les-moi. Et fais vite, jeune Jack. Nous n'avons pas de temps à perdre. »

Mon cœur s'affolait tandis que je rapportais à Ma Ma Gombé, une à une, des branches. Chaque fois que je me tournais dans une direction, je m'attendais à voir un lion prêt à me bondir dessus. Les épines des branches que je ramassais me taillaient les mains, mais je ne m'y arrêtais guère. Je savais que ces blessures n'étaient rien en comparaison de celles que les griffes d'un lion m'infligeraient.

Un grondement se fit entendre au loin. J'ai regardé à l'horizon et j'ai vu que d'épais nuages sombres se formaient au loin. Je me suis hâté de ramasser encore plus de branches.

Avec chacune des branches, Ma Ma Gombé bâtissait un petit abri hérissé d'épines géantes. Elle avait d'abord fait une base circulaire, puis elle avait empilé les branches, ne laissant qu'un espace par lequel je pouvais me glisser à l'intérieur.

Alors que je lui avais remis une branche et que je m'apprêtais à retourner en chercher une autre, Ma Ma Gombé m'arrêta : « Ce sera suffisant, jeune Jack. »

« Ça va, Ma Ma Gombé », lui ai-je dit en me retournant. « Je peux y arriver, il y a encore beaucoup de branches. »

« Jeune Jack! »

Le ton vif de sa voix lorsqu'elle prononça mon nom m'a fait dresser les cheveux. Tout au long des mois où nous avons voyagé ensemble, jamais Ma Ma Gombé n'avait élevé la voix envers moi ou même envers quiconque.

« Viens dans l'abri, jeune Jack, dit-elle lentement. Immédiatement! »

J'ai regardé vers le bosquet d'acacias. Une lionne adulte se tenait droit devant. Elle me faisait face. Ses oreilles étaient tournées vers l'arrière et sa queue balançait lentement de l'avant vers l'arrière.

« Immédiatement », ordonna de nouveau Ma Ma Gombé. « Et ne fais aucun mouvement brusque. »

J'ai doucement reculé jusqu'à l'ouverture dans l'abri. Les branches formant la base devaient avoir près d'un mètre. Lentement, je les ai enjambées, sans quitter la lionne des yeux. Je pouvais sentir les épines lacérer le bas de mes jambes. Une fois à l'intérieur, Ma Ma Gombé me tira à l'arrière de l'abri et s'empressa de placer trois branches pour refermer l'ouverture. Nous étions dorénavant dans une hutte d'épines.

« Que faisons-nous maintenant? » ai-je demandé.

« Nous attendons. »

« Attendre quoi? »

« Ça dépend de l'Univers », répondit-elle.

Un bruissement dans les herbes de l'autre côté attira notre attention. Une deuxième lionne bondit jusqu'à la première. Elles se tenaient à moins de six mètres de nous. Je pouvais voir les muscles de leurs épaules se tendre lorsqu'elles bougeaient. Elles se sont assises toutes les deux et nous ont épiés. Elles attendaient.

Je me souvenais avoir lu déjà que la mâchoire d'un lion est cinq fois plus puissante que celle de l'humain.

J'ai regardé Ma Ma Gombé. « Que devons-nous faire? »

« Apprécie-les, jeune Jack. »

« Les apprécier? Ma Ma Gombé, nous sommes coincés dans une petite hutte d'épines quelque part dans la savane et deux lionnes sont assises à moins de six mètres de nous! »

« De toute évidence, tu n'as pas encore remarqué le mâle », dit-elle en me faisant un signe de la tête pour m'indiquer la direction à regarder.

Je me suis tourné et j'ai vu un lion mâle qui nous regardait. Son imposante crinière flottait dans la brise. Ses muscles semblaient onduler sur tout son corps tandis que sa queue se balançait doucement.

« Que devons-nous faire? » insistai-je.

« Apprécie le moment présent, jeune Jack. Tu es venu en Afrique pour cela, non? La plupart des gens passeront leur vie sans jamais voir un seul lion. Voir un lion fait partie d'un de tes Cinq Grands Rêves, et voilà qu'il y en a trois droit devant toi. Apprécie-les. »

« Je ne peux pas, lui dis-je. Je suis terrifié. »

Et je l'étais vraiment. Tout mon corps tremblait et mon cerveau roulait à plein régime pour trouver une solution et nous sortir de l'impasse.

Ma Ma Gombé posa sa main sur mon épaule. « Lorsque tu as fait tout ce que tu pouvais faire, jeune Jack, tu dois te détacher du résultat. »

« Je ne veux pas mourir, Ma Ma Gombé », ai-je dit.

« Moi non plus, reprit-elle, mais nous avons fait tout ce que nous pouvions faire. Il n'y a rien d'autre que nous puissions faire, toi et moi. »

« Mais si nous avions pris un autre chemin... », ai-je dit.
« Ou peut-être aurions-nous pu... »

Ma Ma Gombé mit de nouveau sa main sur mon épaule.

« Je sais que tu es effrayé, jeune Jack, mais retourner
dans le passé ne changera rien. Lorsque tu affrontes un défi
dans la vie, et que tu as fait tout ce qui était possible de
faire pour le surmonter, tu dois alors te détacher de ce qui
arrivera par la suite. Ça ne t'est d'aucun secours de t'inquié-
ter pour l'avenir ni de ressasser tout ce que tu as fait auparavant. Dans de tels moments – dans ce moment-ci – tu dois
simplement être, et laisser agir l'Univers tel qu'il se doit. »

J'ai observé Ma Ma Gombé. Je voyais le calme dans ses
yeux et la bonté sur son visage.

« Tu m'as confié avoir rêvé de voir ces animaux depuis
ton enfance, dit-elle. Voilà ta chance. Observe-les! »

J'ai regardé les lions. Le mâle était toujours assis près du
bosquet et l'une des femelles l'avait rejoint. Ils étaient vraiment spectaculaires. Ils étaient si près que je distinguais
les menus insectes tournoyer autour de leur tête. Je notais
chaque long poil de leur museau. J'admirais leurs énormes
griffes chaque fois qu'ils s'étiraient et leur bouche pleine
de dents chaque fois qu'ils bâillaient.

Et alors, en cet instant précis, un calme m'envahit.

« Ce qui sera sera, ajouta Ma Ma Gombé. Savoure le
moment qui passe. »

CHAPITRE 24

Je me suis éveillé dans l'agitation. « Où suis-je? ai-je pensé. J'ai fait un rêve; il y avait des lions... »

J'ai senti une douleur aiguë dans mon épaule qui m'a ramené à la réalité. C'était une épine. Je n'avais pas rêvé. J'étais au milieu de la petite hutte d'épines.

« J'ai dû m'endormir », ai-je pensé.

J'avais surveillé les lions pendant des heures. Une fois que le calme m'avait envahi et que je m'étais détaché de ce qui allait advenir, je m'étais assis et laissé émerveiller par les lions.

Je me suis retourné vivement. « Ma Ma Gombé! Où est Ma Ma Gombé? »

La hutte était déserte. En jetant un coup d'œil tout autour, j'ai réalisé qu'une section des branches avait été déplacée. Ma Ma Gombé était partie!

Je me suis assis, comme paralysé.

« Ils l'ont capturée, ai-je pensé. Les lions l'ont capturée et je n'ai rien entendu. »

Mon corps voulait bouger, mais je ne savais pas quoi faire ni où aller.

J'ai vu que quelque chose bougeait dans les arbres au bout du bosquet.

« Ils reviennent pour me capturer », ai-je pensé.

Je me suis remis sur mes pieds en tremblant et j'ai voulu replacer la section de branches qui avait été déplacée.

J'ai levé les yeux pour savoir si les lions s'apprêtaient à mener la charge. Mais, à la place, j'ai vu Ma Ma Gombé qui me souriait.

« Est-ce que tu t'es attaché à notre petite hutte, jeune Jack? me lança-t-elle. Sors de là, il y a encore beaucoup de choses à voir dans ce monde. »

« Je croyais que vous étiez morte », dis-je en enlaçant Ma Ma Gombé. « J'ai cru qu'ils vous avaient emportée. »

Elle éclata de rire. « Non, l'Univers n'a rien pris, il a plutôt donné! Viens, dit-elle. J'ai quelque chose à te montrer. L'orage qui se pointait à l'horizon hier en fin de journée a dû les mener jusqu'ici. »

Nous avons marché quelques minutes, puis Ma Ma Gombé s'immobilisa. « Regarde, jeune Jack, dit-elle. Observe l'une des plus grandes merveilles de la nature. »

Nous étions sur la pointe d'une portion de la savane qui présentait une douce pente vers l'horizon. Aussi loin que je pouvais voir, la terre était couverte d'animaux déambulant lentement.

« Des gnous, dit Ma Ma Gombé. C'est la grande migration. Chaque année, à la saison sèche, ils entreprennent leur périple à la recherche de verdure. Nous avons eu de la chance qu'ils arrivent ici à ce moment-ci. »

Ils étaient des centaines de milliers marchant lentement et broutant. Le plus près d'entre eux devait être à moins de quinze mètres de nous. À travers la horde de gnous, on remarquait des zèbres et des gazelles. Je les observais, comme en transe.

« C'est une partie du cercle de la vie, jeune Jack. Ces animaux vont parcourir presque trois mille kilomètres pour chercher de l'eau et de la nourriture. Et, au cours de leur périple, des milliers de jeunes bêtes naîtront. »

« Est-ce à cause d'eux si les lions ne nous ont pas attaqués? » lui demandai-je.

« Oui, répondit-elle. Après t'être endormi, les lions sont demeurés au même endroit. J'ai cru qu'ils allaient attaquer durant la nuit. Puis, alors que le soleil était sur le point de descendre à l'horizon, les lions ont commencé à renifler l'air. Sans arrêt, ils cherchaient des odeurs dans l'air. Et, soudainement, ils sont partis. Ils avaient perçu l'odeur des gnous. »

Je regardais l'horizon. « Essaie de ne pas ressembler à une antilope, et essaie de ne pas sentir comme un gnou », ai-je dit.

Ma Ma Gombé s'amusa de ma remarque. « Tu apprends bien, jeune Jack, tu apprends bien. »

Nous sommes restés ainsi à admirer les plaines. « Spectaculaire », me suis-je exclamé. « Absolument spectaculaire. »

Ma Ma Gombé me tapota l'épaule. « Réaliser l'un de ses Cinq Grands Rêves de vie est toujours spectaculaire, jeune Jack. »

Nous sommes restés plusieurs jours au même endroit, tout en haut de la horde de gnous. Au cours de ces journées, j'ai mieux compris ce que Ma Ma Gombé voulait dire lorsqu'elle mentionnait que toutes les choses étaient reliées.

De temps en temps, des lions, des guépards, des léopards et des hyènes attaquaient les gnous.

« Ils capturent le plus vieux et le plus faible, expliqua Ma Ma Gombé. Sans les prédateurs, la horde deviendrait trop imposante et détruirait la terre. En même temps, les gnous, les zèbres et les gazelles qui survivent peuvent manger les plus hautes herbes, offrant aux jeunes pousses vertes une chance de pousser.

» S'il n'en était pas ainsi, les herbes hautes sécheraient et présenteraient un plus grand risque d'incendie provoqué par la foudre. Quant à ce que les animaux laissent derrière eux, les bousiers les assimilent et enrichissent ainsi la terre, ce qui favorise l'éclosion de nouvelles graines d'herbe.

» Tout est relié. Chaque animal, chaque insecte et chaque plante a sa raison d'être. »

« Et nous, dans tout cela? demandai-je. Pourquoi sommes-nous ici? »

« Je crois que c'est à chacun de nous de le définir, dit-elle. Nous pouvons choisir d'exister pour une raison, comme réaliser nos Cinq Grands Rêves de vie. Et, dans ce cas, je crois que l'Univers est toujours enclin à nous aider. Ou nous pouvons choisir de simplement exister. C'est notre choix. »

« Pensez-vous que beaucoup de gens choisissent de simplement exister? » ai-je demandé.

« J'ai vu bien des choses dans ma vie, jeune Jack. J'ai rencontré bien des gens aussi. L'une des choses que j'ai apprises est que, parfois, ne pas choisir est semblable à choisir. Les gens parlent de ce qu'ils veulent, et parfois ils le demandent même. Mais je crois que l'Univers ne fait pas qu'écouter. Je pense que peut-être il écoute et surveille en même temps.

» Toi et moi, nous aurions pu atteindre le bosquet d'acacias, nous asseoir sur le sol et espérer que les lions ne nous dévorent pas. Nous aurions pu aussi demandé à l'Univers de nous donner un abri pour nous protéger des lions. Mais je pense que si nous n'avions pas fait tout ce que nous avons fait, nous serions morts dévorés par les lions à l'heure qu'il est.

» Je crois qu'il est bien de demander à l'Univers de nous aider à réaliser nos grands rêves de vie, mais je crois que nous devons démontrer à l'Univers à quel point c'est important pour nous. Et c'est en participant à notre succès que nous lui démontrons.

» Nous n'avons pas fait venir les gnous jusqu'ici, mais si nous n'avions pas ramassé toutes ces branches d'acacias et fabriqué notre abri pour éloigner les lions, peut-être que l'Univers aurait conduit les gnous ailleurs la nuit dernière. »

CHAPITRE 26

« **O**ù allons-nous, maintenant, Ma Ma Gombé? » lui demandai-je.

Après des semaines de marche, nous avions laissé les hordes de gnous et la savane derrière nous et nous approchions d'une nouvelle chaîne de montagnes.

« Je crois que nous devrions peut-être nous rendre chez un docteur, jeune Jack. Je n'aime pas l'aspect de ta blessure. »

Une semaine plutôt, je m'étais coupé à la main en préparant un feu et la guérison tardait.

« Ce n'est pas si mal, Ma Ma Gombé. »

« C'est assez mauvais pour consulter un docteur. Allons de ce côté. »

Elle entreprit de marcher vers les montagnes. « Ma Ma Gombé, comment en êtes-vous venue à connaître si bien ces régions? Nous avons passé des semaines à traverser la savane qui ne semblait pas avoir de fin, et aussitôt que nous en sommes sortis, vous saviez exactement où nous étions. »

« J'essaie de mémoriser ce qui est important pour moi, jeune Jack. Lorsque tu n'encombres pas ton esprit d'un fouillis d'informations inutiles, tu as alors beaucoup d'espace pour retenir ce qui compte vraiment. Chaque fois que je reviens dans les régions que nous avons traversées, c'est toujours plus facile de me souvenir du chemin et de m'orienter.

» Heureusement que tu ne m'accompagnais pas la première fois que je suis venue ici. J'ai erré pendant des jours avant de m'orienter. Mais, tu sais, chaque fois que tu essaies quelque chose, tu t'améliores. La plupart des gens s'égarent à l'occasion, mais tu dois t'assurer de ne pas abandonner.

» Tourner à gauche au lieu d'aller à la droite n'est un problème que si tu ne fais jamais demi-tour ou que si tu t'immobilises. Nous, les humains, semblons être la seule espèce qui fait face à cette difficulté.

» Les singes vont goûter certains fruits et savoir lesquels sont bons et lesquels ne le sont pas. Ils ne cessent pas de manger parce qu'ils ont goûté un fruit qui semblait comestible, mais qui ne l'était pas. Et ils ne continueront pas à manger ce fruit en espérant qu'il devienne soudainement bon.

» Lorsque les girafes marchent dans la savane et qu'elles sont surprises par un feu causé par la foudre, elles n'avancent pas vers le feu. Elles ne s'assoient pas non plus en se plaignant du feu ou en blâmant quelqu'un parce qu'elles ne peuvent se rendre jusqu'à leurs arbres favoris. Elles trouvent simplement un autre chemin.

» Et chaque fois qu'elles apprennent quelque chose de nouveau, elles s'en souviennent. »

CHAPITRE 27

À la clinique, Ma Ma Gombé et moi avons été accueillis par Kilali, un homme aux cheveux blancs.

« Bonjour, Ma Ma Gombé », dit-il en lui faisant une chaleureuse accolade. « Qu'est-ce qui t'amène si loin? »

« Mon jeune ami et moi poursuivons nos Cinq Grands Rêves de vie, dit-elle. Et il s'est coupé à la main. J'ai fait tout ce que je pouvais, mais ça ne semble pas s'améliorer. »

« Qu'as-tu essayé? » demanda l'homme.

Pendant une dizaine de minutes, Kilali et Ma Ma Gombé ont discuté de ce qu'elle avait essayé pour guérir ma blessure. En les écoutant, j'ai réalisé que Ma Ma Gombé avait eu exactement le même comportement que celui des animaux qu'elle m'avait décrits. Elle avait essayé de me guérir, mais ça n'avait pas fonctionné. Alors, elle avait essayé quelque chose d'autre en me conduisant jusqu'à Kilali.

Au fil des jours de ce périple, nous apprenions, elle et moi, de nouvelles choses que désormais nous saurions.

« Ce que tu as essayé aurait dû normalement donner de bons résultats, Ma Ma Gombé, dit Kilali. Mais comme la sécheresse a été très sévère, ces herbes n'ont pas le même pouvoir de guérison qu'habituellement. À la place, nous essayerons cela... »

Et ainsi fut-il fait. Ma Ma Gombé n'était pas en colère ni embarrassée de n'avoir pas su me guérir. Elle a posé de nombreuses questions à Kilali et a vécu cette expérience comme une occasion merveilleuse d'apprendre quelque chose de nouveau.

« Elle trouve toujours ses *Qui*, ai-je pensé. Elle apprend continuellement. »

Ce soir-là, nous sommes restés auprès de Kilali.

« Comment avez-vous connu Ma Ma Gombé? » lui ai-je demandé.

Il sourit. « Ma Ma Gombé est la raison pour laquelle je suis médecin. »

« Ce n'est pas vrai, Kilali », corrigea-t-elle en lui tapotant le bras. « Tu es un médecin parce que tu as travaillé très fort pour le devenir. »

« Eh bien, disons que Ma Ma Gombé est celle qui m'a aidé à trouver la façon de devenir un docteur, reprit Kilali. Lorsque j'étais un enfant, mes enseignants pensaient que je possédais les aptitudes pour pousser plus loin mes études. J'aimais les sciences et je lisais tellement rapidement les livres que mes enseignants me prêtaient qu'ils n'arrivaient pas à m'en fournir suffisamment. Mais ma famille était très pauvre et mon père ne savait pas comment trouver l'argent nécessaire à la poursuite de mes études.

» Un jour, Ma Ma Gombé visita notre village. Lorsque mon père l'entendit parler des Cinq Grands Rêves de vie aux enfants, il s'est approché d'elle et lui a demandé si elle pouvait l'aider à réaliser l'un de ses Cinq Grands Rêves. Lorsqu'elle lui a demandé la nature de ce rêve, il lui répondit qu'il voulait un emploi de coupeur de bois. »

« J'ai trouvé sa requête bizarre, ajouta Ma Ma Gombé. Parmi tous les grands rêves possibles, voilà que cet homme voulait un emploi de coupeur de bois pour combler l'un de ses Cinq Grands Rêves. Alors, je lui ai demandé pourquoi il voulait cet emploi, lui expliquant que je ne le jugeais pas, car c'était sa liste de rêves et il pouvait y inscrire ce qu'il voulait, mais j'étais curieuse.

» Il m'a dit vouloir cet emploi parce qu'on lui avait dit que les coupeurs de bois gagnaient beaucoup d'argent. Je lui ai alors demandé pourquoi il voulait tant d'argent. À ce moment, les larmes lui vinrent aux yeux. Il m'a expliqué qu'il voulait donner à son fils Kilali la chance de poursuivre ses études, mais qu'il n'en avait pas les moyens actuellement. »

« Mon père était un homme très fier », fit remarquer Kilali.

« Et un homme très bon, ajouta Ma Ma Gombé. Je n'ai jamais vu un père avoir autant d'amour pour son fils. »

« Je présume que vous l'avez aidé à obtenir cet emploi? » demandai-je à Ma Ma Gombé.

« Non, jeune Jack, et c'est une grande leçon pour toi. Lorsque tu as identifié tes Cinq Grands Rêves de vie, tu dois te demander pourquoi tu les as choisis. Obtenir un emploi de coupeur de bois n'était pas vraiment l'un des Cinq Grands Rêves du père de Kilali.

» C'était seulement la façon dont il pouvait obtenir ce qu'il voulait vraiment, soit permettre à son fils de poursuivre ses études.

» Les gens que j'ai joints et à qui j'ai parlé de Kilali et de ses études étaient bien différents de ceux à qui j'aurais parlé si le rêve du père de Kilali avait véritablement été un emploi de coupeur de bois.

» L'Univers et ceux qui nous entourent nous aideront à réaliser ce que nous avons identifié comme nos Cinq Grands Rêves de vie. Il est donc d'une importance capitale de vraiment demander ce que nous voulons réellement. »

Je me suis tourné vers Kilali. « Est-ce que votre père vous a vu soigner des patients, Kilali? »

« Oh, oui! répondit Kilali en riant. Il a travaillé ici, à la clinique, plusieurs années avant de mourir. »

Kilali fit une pause tandis qu'une larme roulait sur sa joue. Il l'essuya doucement. Puis, il poursuivit : « Vous n'auriez jamais vu un travailleur aussi appliqué que lui. Je riais chaque fois qu'il accueillait un patient à la clinique. La première chose qu'il lui disait était qu'il serait entre bonnes mains et que son fils était un excellent docteur. »

« Je suis sûr qu'il était fier de vous avoir comme fils », lui dis-je.

« Il l'était, et j'étais fier de l'avoir comme père. »

CHAPITRE 28

Au troisième jour passé avec Kilali, Ma Ma Gombé m'informa qu'elle voulait me montrer quelque chose d'extraordinaire.

« Qu'est-ce que c'est? » ai-je demandé.

« Ce soir, tu vas assister à ton premier Talimpopo », dit-elle.

« Et c'est quoi, un Talimpopo? »

« C'est une célébration dédiée à la poursuite des Cinq Grands Rêves de vie. Et c'est une façon accélérée de trouver tes *Qui*. »

En fin d'après-midi, les gens commencèrent à se rassembler sur le parterre devant la clinique. Avant longtemps, la place était bondée de gens.

« On dirait que tout le village s'est réuni ici », ai-je fait remarquer à Ma Ma Gombé.

« C'est exactement cela », dit-elle.

« Pourquoi? » lui ai-je demandé.

« Tu verras. Et peut-être y participeras-tu? »

Quelques minutes plus tard, une jeune femme s'avança devant la foule. Alors qu'elle gravissait les trois marches menant à l'entrée de la clinique, les gens l'applaudirent et l'acclamèrent. Elle devait avoir environ quatorze ans. Elle était toute souriante. Devant la foule, elle prit la parole.

« Merci, commença-t-elle. Je me nomme Lalamba. Merci pour votre enthousiasme, votre emballement et, à l'avance, merci pour votre aide. Je suis sur le point de commencer la quête de mes Cinq Grands Rêves de vie, et je ne sais pas exactement par où commencer. Je vais donc vous expliquer mes Cinq Grands Rêves et, si vous pouvez m'aider, j'aimerais entendre ce que vous avez à dire. »

Et ce qui se passa durant les trois heures suivantes tenait du miracle, rien de moins. Au début, Lalamba parla de chacun de ses grands rêves et expliqua pourquoi elle les avait choisis. Puis, elle demanda au groupe de l'aider à trouver la meilleure façon de faire, de voir ou de vivre ce qu'elle désirait.

Et le groupe participa. Chaque personne, peu importe son âge ou son statut dans le village, était invitée à partager ses idées. Quelques-unes des meilleures suggestions vinrent des jeunes enfants.

« Ils sont plus créatifs, commenta Ma Ma Gombé. Ils voient tout ce qui est possible, au lieu de voir tout ce qui est impossible. »

Dès qu'une idée était exprimée, elle était renforcée par les efforts de tout le groupe. De son expression originale, l'idée était reprise et améliorée par quelqu'un d'autre, puis de nouveau par une autre personne, et ainsi de suite, de sorte que, en quelques minutes, l'idée était passée du domaine du rêve à celui du possible. Chaque fois que l'idée était portée à un autre niveau, les gens acclamaient et applaudissaient en s'encourageant les uns les autres.

« Il y a une telle puissance dans un Talimpopo », dit Ma Ma Gombé en regardant la célébration se dérouler. « Par l'effort collectif des gens de son village, Lalamba ira plus rapidement vers ses Cinq Grands Rêves de vie.

» Tu vois, jeune Jack, chacun de nous voit le monde différemment selon ses expériences. Lorsque le lion chasse le gnou et le vautour aux abords de la falaise, c'est du même endroit dont il est question. Mais, là où le gnou ne voit que la venue de la mort, le vautour entend l'appel de la liberté dans les airs.

» Une infection à la suite d'une blessure sur une épine d'acacia peut être mortelle pour celui qui ignore ce qu'il faut faire, mais pour un docteur reconnu, il s'agit simplement d'appliquer le baume adéquat pour obtenir la guérison.

» Le but du Talimpopo est de permettre à une personne de voir ce qu'elle ne voit pas habituellement, d'ouvrir son esprit à de nouvelles possibilités. Et, dans le processus, chaque participant en retire des bienfaits. »

« Que voulez-vous dire? »

« Lalamba n'est pas la seule qui se souviendra de tout ce qui a été partagé ici, ce soir. À mesure que chaque idée évolue et s'améliore par rapport à ce qu'elle désire, chaque personne dans la foule pense elle aussi à ses Cinq Grands Rêves de vie et comment les idées de ce soir peuvent l'aider à les réaliser. Et il y a plus encore.

» Observe les gens. Vois-tu la joie qu'ils ressentent à aider Lalamba? Peu importe le temps qu'il lui faudra pour réussir et l'endroit où elle y parviendra, chaque personne sera comblée de joie en sachant qu'elle aura aidé Lalamba. Son succès est le succès de tout un chacun. »

En aidant Lalamba à trouver la façon de réaliser chacun de ses Cinq Grands Rêves de vie, les gens tissaient des liens entre eux. Les idées qui auraient fini dans une impasse étaient récupérées et portées à un autre niveau par le rêve de quelqu'un d'autre.

« Nos grands rêves de vie sont reliés, précisa Ma Ma Gombé. L'homme qui veut être le meilleur père possible et qui désire en même temps voir le monde réalise ses deux rêves en amenant son fils avec lui à l'aventure. Et, dans cette expérience, tous les deux ouvrent leur esprit. »

Lorsque la soirée fut terminée et que les gens furent rentrés à la maison, je me suis assis avec Ma Ma Gombé sur les marches de la clinique.

« C'était fascinant », ai-je reconnu.

« J'ai pensé que ça te fascinerait, effectivement, jeune Jack. Peut-être y a-t-il un Talimpopo qui t'attend quelque part dans ton futur. Peut-être même plusieurs Talimpopos. Ce soir, tu as assisté au premier Talimpopo de Lalamba, mais il serait étonnant que ce soit son dernier. Dès qu'elle se sentira dans une impasse, elle pourra de nouveau demander l'aide des gens du village. C'est aussi possible pour toi. »

« Je ne crois pas que, là où je vis, les gens savent ce qu'est un Talimpopo, Ma Ma Gombé. »

« Alors, je suppose que tu devras le leur enseigner, jeune Jack. »

CHAPITRE 29

Je me suis éveillé à l'aube au son du bruit de mâchoires près de ma tête. Je me suis projeté sur le côté et j'ai roulé. En me relevant, j'ai vu une immense tête foncée avec deux grands yeux sombres de chaque côté qui me fixaient.

« Doucement, jeune Jack », dit Ma Ma Gombé d'une voix calme. « Ne fais aucun geste brusque. Ils détestent cela. »

Ses doigts se refermèrent sur mon bras. Ma Ma Gombé me tira lentement vers l'arrière.

La nuit précédente, Ma Ma Gombé et moi avions établi notre camp dans une luxuriante vallée qui, à ce moment-là, semblait déserte.

« Qu'est-ce que c'est? » ai-je demandé.

« Les buffles africains, a-t-elle répondu. Tu rencontres le cinquième et dernier Grand de l'Afrique. »

Elle m'aida à retrouver mon équilibre debout.

« Ils sont arrivés pendant que nous dormions, dit-elle. Je me suis réveillée quelques instants avant toi. »

L'animal que j'avais vu à mon réveil n'était qu'à deux mètres de nous. Ma Ma Gombé reculait doucement en me tirant vers l'arrière à sa suite. La bête avait deux cornes noires et massives qui courbaient majestueusement sur chaque côté de sa tête. C'était une bête énorme.

« Ils pèsent presque 900 kilos, mentionna Ma Ma Gombé. Et leurs cornes peuvent être mortelles. La plupart du temps, ils sont inoffensifs, mais ils n'aiment pas être provoqués. Je crois que celui-ci est aussi surpris que nous de cette rencontre. »

« Est-ce qu'il va charger? » demandai-je.

« Seulement si nous l'attaquons en premier. Et c'est quelque chose à ne pas faire à un buffle africain. Un éléphant ou un rhinocéros peut être très dangereux à cause de sa stature imposante, mais, très souvent, il va feinter la charge pour ensuite faire marche arrière. Mais les buffles ne reculent jamais. Quand ils sont attaqués, ils attaquent à leur tour jusqu'à ce qu'ils tuent leurs oppresseurs ou qu'ils soient tués eux-mêmes. »

« C'est bon à savoir, ai-je dit. Que fait-on maintenant? »

« Nous allons partir d'ici, répondit-elle. Cela signifie que nous allons devoir marcher à travers eux. »

« Eux? »

Jusque-là, j'avais été obnubilé par le buffle devant moi. En levant les yeux et en regardant autour, j'ai constaté que nous étions au milieu d'une horde de buffles. Ils devaient être un millier; ils étaient partout.

« C'est un très grand troupeau, indiqua Ma Ma Gombé. C'est un miracle qu'aucune des bêtes ne nous ait piétinés durant notre sommeil. »

« Et ce sera un miracle si nous pouvons sortir de ce troupeau », ai-je ajouté.

« Un pas à la fois, jeune Jack. Que nous le voulions ou non, c'est impossible de faire plus vite que cela. Si nous courons, ils vont charger. Peux-tu faire un pas? »

« Oui. »

« Alors, fais-le, et refais-le. Continue à le faire jusqu'à ce que nous soyons hors de la horde. »

Au début, j'avais très peur. Mais, à chacun des pas, le périple devenait de plus en plus facile. Rapidement, je me suis aperçu que c'était beaucoup moins dangereux que je ne l'avais d'abord cru. Pourvu que nous marchions lentement sans les provoquer, les buffles se contentaient de brouter l'herbe et de laisser échapper de rares beuglements!

Je me suis concentré sur l'observation de ces bêtes et j'ai commencé à apprécier l'expérience étonnante que je vivais. Et, plus je le faisais, plus ma peur s'évanouissait.

Après être sortis du troupeau, nous avons escaladé une petite colline et nous nous sommes assis à l'ombre d'un des arbres.

« Ce ne fut pas aussi pénible que tu l'avais d'abord imaginé, n'est-ce pas, jeune Jack? C'est souvent comme ça dans la vie. Nous ne pouvons gravir une montagne simplement en le souhaitant. Et, peu importe que nous ayons peur des hauteurs, nous ne pouvons descendre de la montagne simplement en le souhaitant. Mais, si nous faisons le premier pas et que nous continuons à faire un pas à la fois, il n'y a nulle part où nous ne pouvons aller. »

CHAPITRE 30

Ce soir-là, Ma Ma Gombé et moi étions assis près du feu. Comme elle l'avait fait tout au long du voyage, elle pointa les constellations et me demanda de les lui nommer et de lui raconter leur signification ainsi que leur utilité pour savoir où tu te trouves. Il n'y a rien comme une nuit étoilée d'Afrique.

Je lui ai expliqué qu'il y avait plus de cent milliards d'étoiles juste dans notre galaxie, et que nous ne pouvions en voir plus de trois cents à l'œil nu.

Comme la dernière bûche finissait de se consumer, Ma Ma Gombé se tourna vers moi.

« Jeune Jack, nous avons beaucoup voyagé, toi et moi. Il s'est écoulé plusieurs mois depuis notre rencontre sur le plateau où les zèbres broutaient. Les buffles étaient les derniers des Cinq Grands de l'Afrique que tu voulais voir. Tu as vu les éléphants, un léopard et les rhinocéros à la falaise, les lions dans la savane et, aujourd'hui, les buffles. »

« Sans compter les zèbres, les gazelles, les koudous, les impalas, les gnous, les girafes et bien d'autres », ai-je ajouté.

« Oui, il y en a eu plusieurs autres, acquiesça-t-elle. Est-ce que ce fut à la hauteur de tes attentes? »

J'ai mis ma main sur son bras. « Bien mieux, Ma Ma Gombé. Ce fut mieux que tout ce que j'avais espéré. »

« J'en suis heureuse, jeune Jack. »

Elle fit une pause, puis reprit la parole : « Jeune Jack, j'aurais une faveur à te demander, et je veux que tu me promettes de dire oui seulement si ton cœur te dit vraiment de le faire. »

« Quelle est cette faveur, Ma Ma Gombé? »

« J'ai vécu très longtemps et j'ai fait bien des choses dans ma vie. J'ai réalisé bien des rêves que j'avais mis sur ma liste des grands rêves de vie. Lorsque nous nous sommes rencontrés, je t'ai dit qu'il y avait une dernière chose sur ma liste. Un endroit que j'aimerais visiter. Et si ton cœur le désire, j'aimerais bien me rendre à cet endroit avec toi. »

« Le berceau de la vie? »

« Oui, jeune Jack, le berceau de la vie! »

« Où est-ce, Ma Ma Gombé? »

« Je l'ignore totalement. Ça fera partie de l'aventure. L'une des meilleures aptitudes pour réaliser tes Cinq Grands Rêves est la volonté de demander l'aide des autres. Il nous faudra le faire souvent si nous voulons trouver cet endroit.

» Je t'ai confié que, lorsque j'étais une petite fille, mon grand-père avait l'habitude de me raconter sa visite au "berceau de la vie". Il disait qu'on pouvait y voir la terre naître à la vie puis observer le monde sombrer dans le sommeil. Il disait que cette place était si belle qu'aucun mot ne pouvait la décrire. »

« J'aimerais la voir avec vous, Ma Ma Gombé, lui dis-je. J'aimerais vous y accompagner. »

« Merci, jeune Jack », dit Ma Ma Gombé en me fixant dans les yeux. « J'aimerais y aller avec toi, moi aussi. »

CHAPITRE 31

Il nous fallut trois mois pour trouver le « berceau de la vie ». À plusieurs reprises, nous avions marché durant des jours avant de découvrir que nous devions aller dans la direction opposée. Mais nous avons persisté. J'ai alors réalisé l'importance d'un *Qui*.

Lorsqu'on sait que quelque chose existe, ou que c'est possible de le faire, de le voir ou de le vivre, le délai pour y parvenir ne signifie plus rien. Nous savions que le grand-père de Ma Ma Gombé avait vu le « berceau de la vie », alors nous savions qu'il était possible de nous y rendre. Sachant cela, nous ne doutions pas que nous y parviendrions un jour. Ce n'était plus qu'une question de temps et de persévérance.

Par un matin pluvieux et brumeux, nous marchions dans une gorge profonde quand Ma Ma Gombé s'arrêta et ramassa une pierre. Elle la dépoussiéra et la retourna plusieurs fois dans sa main. Son regard s'illumina.

« Nous y sommes presque, jeune Jack », annonçait-elle en me tendant la pierre.

Je l'ai prise et l'ai retournée dans tous les sens. C'était en fait la partie supérieure d'un crâne humain qui s'était pétrifié comme une pierre.

« Lorsque mon grand-père me parlait du "berceau de la vie", il disait que c'était la demeure de nos plus vieux ancêtres, dit-elle. Il disait qu'il y avait si longtemps que ces ancêtres avaient vécu au "berceau de la vie" que l'on pouvait voir la vallée où se trouvaient les ossements des ancêtres. »

J'ai observé tout autour, mais la brume épaisse ne nous permettait pas de voir au-delà d'une centaine de mètres.

« Que devons-nous faire? » lui ai-je demandé.

« Attendre. »

À peine avait-elle prononcé ces paroles que le soleil commença à percer la brume. Alors, de minute en minute, le monde autour de nous se dévoila.

« De ce côté », affirma Ma Ma Gombé en reprenant la route d'un pas rapide.

« Comment le savez-vous? »

« Parce qu'il me l'a dit. »

À chacun des pas que nous faisions, je distinguais ce que la brume m'empêchait de voir auparavant. Nous étions au pied d'un grand plateau. Devant nous, un long sentier sinueux semblait mener en haut de la falaise.

CHAPITRE 32

Après presque un jour entier d'escalade, nous sommes arrivés en haut du plateau. J'ai alors constaté qu'il s'agissait d'une longue bande de terre étroite peuplée d'arbres et élevée de plusieurs centaines de mètres du reste du décor.

L'épaisse végétation s'estompa après avoir traversé la portion peuplée d'arbres. Devant nous s'étendait un grand plateau rocheux d'environ quinze mètres. Il n'y avait aucun arbre sur ce plateau à l'exception d'un très vieil arbre accroché aux parois du bout du plateau.

« C'est ici, a dit Ma Ma Gombé. C'est comme il m'avait décrit. »

« Regardez cet arbre », ai-je dit.

Le tronc était tordu. On aurait dit qu'il luttait depuis une éternité pour mériter sa place au bout du rocher. « Il doit être... »

« Très vieux, murmura Ma Ma Gombé. Il doit être aussi très résistant pour avoir survécu ainsi depuis longtemps. »

En dépit de son âge, l'arbre étendait ses branches qui formaient une sorte de parasol de verdure. Nous nous sommes assis en dessous et nous avons admiré le paysage.

À l'ouest, la savane s'étendait. Les hautes herbes bougeaient au soleil et dominaient l'horizon. Occasionnellement, un baobab ou d'autres arbres émergeaient des herbes.

La savane était couverte d'animaux. Des hordes de zèbres et de gazelles broutaient tandis que les grandes girafes étiraient leur long cou pour atteindre les feuilles les plus hautes des arbres. Au loin, nous pouvions apercevoir des éléphants et des rhinocéros.

À l'est, une rivière serpentait à travers une forêt verte et dense et entre des rochers de granite, où des groupes d'hippopotames s'amusaient dans des bassins d'eau profonde. D'impressionnants crocodiles attendaient, la bouche grande ouverte, sur les berges de la rivière, pendant que des volées d'oiseaux blancs et roses survolaient en formation le rideau vert de la forêt.

L'air était chaud et rempli de sons aigus de singes, de cris d'appels de certains oiseaux et d'occasionnels rugissements d'un lion.

La journée tirait à sa fin et le soleil descendait lentement à l'horizon. La rivière se recouvrit des reflets roses et brillants du soleil alors que la forêt tournait au vert profond.

Le soleil était maintenant au-dessus de l'horizon, nous offrant le plus beau coucher de soleil que je n'avais jamais vu.

Tandis que nous admirions le ciel qui se colorait d'un brillant mélange de rose, d'orange, de rouge et de quelques reflets argentés, Ma Ma Gombé serra ma main.

Ses doigts rugueux et plissés s'entremêlaient aux miens. Elle me regarda avec les larmes aux yeux. « Je ne peux imaginer avoir manqué ce spectacle », dit-elle doucement tandis que des larmes roulaient sur ses joues.

« C'est si beau, tellement beau. »

CHAPITRE 33

Quand je me suis éveillé le matin suivant, Ma Ma Gombé n'était pas là, contrairement à son habitude matinale d'allumer le feu. J'ai regardé tout autour et je l'ai remarquée assise au bout du plateau, face au soleil.

En m'approchant, j'ai constaté qu'elle paraissait très vieille soudainement. C'était comme si le désir de se rendre jusqu'ici avait conservé sa jeunesse et l'avait stimulée à poursuivre. Et, maintenant qu'elle avait réalisé son dernier rêve, son âge véritable ressortait.

« Bonjour, Ma Ma Gombé », lui dis-je en m'assoyant à ses côtés.

« Bonjour, jeune Jack », répondit-elle en me tapotant le bras. « N'est-ce pas magnifique? » me demanda-t-elle en étendant les bras vers le soleil qui se pointait à l'horizon. « C'est comme si l'Univers s'éveillait, comme s'il appelait toutes ses créatures et leur disait : "Ouvrez vos feuilles, ouvrez vos yeux, ouvrez vos esprits. Il y a une nouvelle journée à vivre!" »

Nous sommes restés assis à observer le soleil monter dans le ciel matinal.

« Merci, Ma Ma Gombé », lui dis-je en l'entourant de mon bras. « Merci de m'avoir permis de voir cet endroit avec vous. »

Elle sourit et me tapota le genou. « Il n'y a pas de quoi, jeune Jack. Peut-être que, un jour, ce sera toi qui guideras quelqu'un jusqu'ici pour lui montrer où l'Univers s'éveille et s'endort. »

Après quelques minutes de silence durant lesquelles nous avons observé la terre naître à la vie, Ma Ma Gombé se tourna vers moi. « Jeune Jack, j'ai pris une décision. Je ne vais pas retourner avec toi. Je vais rester ici. »

Je l'ai regardée, surpris. « Que voulez-vous dire? »

« Je veux m'asseoir ici pour un temps, répondit-elle en souriant. Je suis une très vieille femme maintenant. J'ai réalisé le dernier de mes Grands Rêves de vie et je pense que c'est le temps pour la bonne vieille Ma Ma Gombé de se reposer. »

J'ai voulu contester. « Mais, Ma Ma Gombé, vous n'êtes pas si vieille. Vous vous êtes rendue jusqu'ici. Vous m'avez guidé durant tout ce temps. Je n'aurais jamais pu faire le dixième de ce périple sans vous. Vous étiez la force qui nous a menés jusqu'ici. »

Elle mit sa main sur mon bras. « Tout ira bien, jeune Jack, dit-elle en souriant. Toi et moi, nous nous sommes appris beaucoup de choses l'un l'autre durant tous ces mois. Tu n'es plus un visiteur en Afrique. Tu es dorénavant l'un de ses enfants, et une mère prend toujours soin de ses enfants. Tu vas trouver ton chemin au retour. L'Afrique te guidera jusque chez toi. »

Les larmes commencèrent à couler sur mon visage. « Et les enfants à l'école, Ma Ma Gombé? Et les gens des villages? Qu'est-ce qu'ils feront? »

Je savais trop bien ce que Ma Ma Gombé voulait dire. Elle ne voulait pas que s'asseoir ici pour un temps. Elle avait décidé que c'était le lieu de son dernier repos.

Ma Ma Gombé me regarda et, de ses doigts rugueux et courbés, elle essuya mes larmes.

« Oui, dit-elle. C'est ici que mon voyage se termine. Tu ne peux vivre ta vie pour les autres, jeune Jack. Les enfants et les gens du village ont leurs propres grands rêves à réaliser. Mon rôle a été de les inspirer, et je l'ai fait du mieux que j'ai pu. Maintenant, c'est à eux de continuer. Tout comme il t'appartient maintenant de réaliser tes autres grands rêves. »

« Comment vais-je y parvenir sans vous, Ma Ma Gombé? »

« Je serai là, jeune Jack. Tout comme mon grand-père m'a aidée et guidée jusqu'ici, je vais toujours être là pour te guider sur ta route. »

Ce soir-là, en me préparant à dormir, j'ai observé Ma Ma Gombé assise sur les pierres et fixant le ciel étoilé. J'ai marché jusqu'à elle et je me suis assis à ses côtés.

« Plus de cent milliards d'étoiles, as-tu dit, jeune Jack? » m'a-t-elle demandé.

« Oui, Ma Ma Gombé, et juste dans notre galaxie. »

Elle a regardé les étoiles. « Je vais toutes les explorer. »

CHAPITRE **34**

Ma Ma Gombé est morte cette nuit-là. J'ai enterré son corps dans ce lieu qu'elle avait rêvé si longtemps de voir et qu'elle avait finalement visité. J'ai pleuré sans cesse.

Je savais que son heure était venue. Je savais qu'elle était prête à faire ce passage, à sa façon. Mais elle me manquait. Mon amie me manquait.

Cette nuit-là, j'ai allumé un feu et je me suis étendu sur le sol pour contempler les étoiles. J'ai vu l'étoile Polaire, la Grande Ourse et Orion. Je repensais à tout ce qu'elle m'avait appris. Et, le temps d'un court instant, j'ai entendu la voix de Ma Ma Gombé murmurer dans le vent.

« Quels sont tes Cinq Grands Rêves, jeune Jack, et comment puis-je t'aider à les réaliser? »

ÉPILOGUE

Après la mort de Ma Ma Gombé, il m'a fallu plus d'un an pour quitter l'Afrique. Bien que, en vérité, personne ne quitte vraiment l'Afrique. Une fois que vous y avez séjourné, elle fait partie de vous, peu importe où vous allez.

Sur le chemin du retour, j'ai réussi à déterminer avec beaucoup de clarté mes autres Grands Rêves de vie. En visitant l'Afrique et en y rencontrant ses gens, ses animaux et ses paysages, j'avais comblé mon premier grand rêve. C'était maintenant le temps de réaliser les autres.

Lorsque j'ai rencontré Ma Ma Gombé, elle m'avait expliqué que les visiteurs de l'Afrique évaluaient le succès de leur safari selon le nombre d'animaux vus parmi les Cinq Grands de l'Afrique. J'étais déterminé à réussir maintenant le safari de ma vie. La quête suivante fut rien de moins qu'extraordinaire.

Occasionnellement, lorsque l'appel de l'Afrique se fait si pressant que je ne peux l'ignorer, je laisse tout derrière pour un temps et je retourne au "berceau de la vie". C'est pour moi l'occasion d'y rencontrer ma vieille amie, Ma Ma Gombé. Son esprit est toujours avec moi, mais lorsque je suis à cet endroit, j'ai l'impression que ma vieille amie me tient la main et que nous regardons ensemble le monde s'éveiller.

« Il y a une place dans notre cœur où nous couvons nos plus grands désirs. Ces désirs sont nos Cinq Grands Rêves de vie », m'avait déjà dit Ma Ma Gombé. Je vais toujours m'en souvenir, et je vais toujours me souvenir d'elle.

NOTE DE L'AUTEUR

Il y a plusieurs années, lors d'un voyage de neuf mois autour du monde avec un sac à dos, ma conjointe et moi avons visité le continent africain pour la première fois. Cette expérience a changé notre vie. Les mots ne peuvent rendre justice à un endroit aussi vibrant d'énergie, si imprégné d'histoire et si rempli de mystères et d'aventures.

On ne visite pas l'Afrique puis on en repart simplement. On fait partie de l'Afrique, et elle s'installe en permanence en soi.

Pendant que j'étais là-bas, j'ai failli mourir, j'ai eu les plus puissantes révélations de toute ma vie et j'ai vécu ce dont je rêvais depuis ma tendre enfance. J'ai rencontré les gens, les paysages et les animaux de l'Afrique.

Après avoir visité l'Afrique, je ne peux m'imaginer vivre toute une vie sans fouler le sol africain. Je vous encourage à visiter cet étonnant continent. Approchez-vous de ses gens, émerveillez-vous de sa majestueuse beauté naturelle et faites l'expérience d'une journée dans la savane. Votre vie en sera enrichie pour toujours.

Il y a un souffle d'éternité sur l'Afrique qui modifie à jamais votre compréhension de ce qui est ou non important.

Vous ne voulez pas manquer ça. Très honnêtement, vous espérez le vivre le plus tôt possible parce que les bienfaits d'un séjour en Afrique illumineront chaque jour que vous passerez sur cette planète.

Comme le dit Ma Ma Gombé : « C'est un merveilleux terrain de jeu qui nous fut donné. »

John

Au sujet de l'auteur

John P. Strelecky est l'auteur du livre à succès international *Le Why café*, publié en français aux Éditions Le Dauphin Blanc.

Il a eu le plaisir de côtoyer en tête des palmarès des meilleures ventes ses auteurs favoris, dont Mitch Albom (*Les mardis avec Morris*), Thomas Friedman (*Le monde est plat*) et Malcolm Gladwell (*Blink*).

Les ouvrages de John P. Strelecky ont été traduits en dix-huit langues et vendus sur tous les continents. Sa série audio « Big Five for Life » a reçu un excellent accueil du public, étant nommée parmi les meilleures publications du genre et vendue dans plus de 22 pays.

Lorsqu'il n'écrit pas ou ne donne pas de conférences, l'auteur passe la majeure partie de son temps à réaliser l'un de ses grands rêves de vie : voyager autour du monde.

Le plus long voyage qu'il a effectué avec sa femme fut un périple de plus de neuf mois, avec un sac à dos, durant lequel ils ont parcouru plus de cent mille kilomètres (presque trois fois la circonférence de la Terre). Il a aussi visité le bassin de l'Amazone, la péninsule du Yucatan et la Chine.

Vous pouvez communiquer avec lui en visitant son site au www.johnstrelecky.com.